COMO PENSAR
← A →
ECONOMIA
DE FORMA SIMPLES

PER BYLUND

COMO PENSAR A ECONOMIA
DE FORMA SIMPLES

TRADUÇÃO E INTRODUÇÃO:
FERNANDO M. D'ANDREA

SÃO PAULO
2022

LVM
EDITORA

Título original: *How to think about the Economy*

Copyright © 2022 – Per L. Bylund
Copyright © de edição – LVM Editora

Os direitos desta edição pertencem à LVM Editora, sediada na
Rua Leopoldo Couto de Magalhães Júnior, 1098, Cj. 46 – Itaim Bibi
04.542-001 • São Paulo, SP, Brasil
Telefax: 55 (11) 3704-3782
contato@lvmeditora.com.br

GERENTE EDITORIAL | Chiara Ciodarot
EDITOR-CHEFE | Pedro Henrique Alves
TRADUÇÃO | Fernando M. D'Andrea
REVISÃO | Alexandre Ramos da Silva
PREPARAÇÃO | Alexandre Ramos da Silva e Pedro Henrique Alves
PROJETO GRÁFICO | Mariangela Ghizellini
DIAGRAMAÇÃO | Décio Lopes
IMPRESSÃO E ACABAMENTO | PlenaPrint

Impresso no Brasil, 2022

Dados Internacionais de Catalogação na Publicação (CIP)
Angélica Ilacqua CRB-8/7057

B997c	Bylund, Per L. Como pensar a economia de forma simples / Per L. Bylund ; tradução de Fernando M. D'Andrea. - São Paulo : LVM Editora, 2022. 160 p. Bibliografia ISBN 978-65-5052-050-2 Título original: How to think about the Economy 1. Economia 2. Negócios I. Título II. D'Andrea, Fernando M.
22-5927	CDD 352.4

Índices para catálogo sistemático:

1. Economia

Reservados todos os direitos desta obra.
Proibida a reprodução integral desta edição por qualquer meio ou forma, seja eletrônica ou mecânica, fotocópia, gravação ou qualquer outro meio sem a permissão expressa do editor. A reprodução parcial é permitida, desde que citada a fonte.
Esta editora se empenhou em contatar os responsáveis pelos direitos autorais de todas as imagens e de outros materiais utilizados neste livro. Se porventura for constatada a omissão involuntária na identificação de algum deles, dispomo-nos a efetuar, futuramente, as devidas correções.

SUMÁRIO

9   **APRESENTAÇÃO À EDIÇÃO BRASILEIRA**
Per L. Bylund

13   **PREFÁCIO**

15   **INTRODUÇÃO À EDIÇÃO BRASILEIRA**
Fernando M. D'Andrea

PARTE I: ECONOMIA

- **23**   **CAPÍTULO 1**   O que é Economia
- **29**   **CAPÍTULO 2**   Teoria Econômica
- **37**   **CAPÍTULO 3**   Como fazer Ciência Econômica (ou como estudar Economia)

PARTE II: ECONOMIA

- **53**   **CAPÍTULO 4**   Um processo, não uma fábrica
- **63**   **CAPÍTULO 5**   Produção e empreendedorismo
- **81**   **CAPÍTULO 6**   Valor, dinheiro e preço
- **99**   **CAPÍTULO 7**   Cálculo Econômico

PARTE III: ECONOMIA

- **121**   **CAPÍTULO 8**   Intervenção monetária
- **139**   **CAPÍTULO 9**   Intervenção regulatória

149   **CONCLUSÃO**   Ação e interação

153   **LEITURAS ADICIONAIS**

*Para Carl Menger,
Ludwig von Mises e
os outros gigantes
cujos ombros tenho a
grande honra de
me apoiar.*

APRESENTAÇÃO À EDIÇÃO BRASILEIRA

Per L. Bylund

Não dá para culpar a população em geral por não ser letrada em áreas específicas. As pessoas têm coisas melhores para fazer e sobre as quais pensar, então os esforços delas são, geralmente, melhor usados em outras atividades. E os problemas gerados por não saber muito sobre, por exemplo, física ou psicologia são geralmente pequenos ou pouco relevantes.

Mas economia é diferente. O fato de uma pessoa não entender como a economia funciona pode, e provavelmente vai, ter consequências desastrosas para a vida financeira dela, bem como para o seu futuro. O analfabetismo econômico pode afetar a você e a sua família de maneiras muito negativas, e somente isso já deveria ser razão suficiente para aprender economia. Mas é bem pior que isso.

As consequências do analfabetismo econômico se multiplicam quando mal-entendidos e concepções erradas são codificadas em políticas públicas mal orientadas e impostas a outras pessoas e à sociedade como um todo. Tais políticas – improdutivas no melhor dos casos, mas normalmente destrutivas – são adotadas sem muita reclamação, pois os eleitores, que em geral não têm conhecimento econômico suficiente, são incapazes de enxergar além da retórica e, portanto, elegem políticos que prometem o impossível. No nosso mundo, cada vez mais politizado, o problema do analfabetismo econômico não é apenas potencializado, mas está cada vez mais inserido no próprio tecido social. O resultado não é somente a perda de riqueza pelas pessoas, mas também que a prosperidade demora mais a chegar ou mesmo não chega nunca, e em consequência dessa falta de prosperidade vêm tensões sociais e conflitos.

É, portanto, nossa responsabilidade acabar com o nosso próprio analfabetismo econômico e aprender como a economia funciona. Tanto para o nosso benefício quanto para o benefício da sociedade.

A pergunta é: como fazer isso? No último século, infelizmente, a economia se tornou uma ciência altamente formal que requer habilidades matemáticas avançadas para ser decifrada. Portanto, a economia é normalmente incapaz de informar a população em geral, constituída por leigos. Aqueles que fazem cursos ou leem sobre o que atualmente se entende por economia ganham pouco, se é que ganham alguma coisa, em termos de intuição econômica. Mesmo muitos daqueles com graduações avançadas em economia são, pode se dizer, analfabetos econômicos num nível fundamental.

Esse livro pretende resolver esse problema ao entregar uma introdução intuitiva e uma síntese daquilo que todos deveriam saber sobre como a economia funciona. O livro não inclui matemática ou modelos. Ele é escrito em linguagem simples de modo que qualquer pessoa possa compreender. Seu objetivo é mostrar ao leitor como pensar sobre a economia ao invés de ensiná-lo a usar modelos, gráficos e fórmulas.

APRESENTAÇÃO À EDIÇÃO BRASILEIRA

Estou muito feliz que esse pequeno livro, originalmente publicado em inglês, a partir de agora também esteja disponível nessa tradução para o português, pela LVM. Como resultado, as milhões de pessoas que leem nessa língua, mas não em inglês, têm agora a oportunidade de serem alfabetizados em economia, e, portanto, terão domínio sobre as ferramentas aptas a ajudá-las a evitar erros que podem custar caro tanto para elas próprias quanto para suas sociedades.

Per L. Bylund
Tulsa, Oklahoma, EUA
Outubro de 2022

PREFÁCIO

Per L. Bylund

Este pequeno livro foi escrito com um grande objetivo: espalhar conhecimento sobre economia. De propósito, o livro é bastante curto. A ideia é que ele seja convidativo ao invés de intimidador, como a maioria dos livros de economia são. Se fui capaz de atingir esse objetivo, você, leitor, vai ter acesso a uma compreensão da ciência econômica que vai mudar a sua vida. Isso num tempo muito curto. É um bocado de valor a um custo bastante baixo.

Se eu conseguir exceder as expectativas, esse livro vai te deixar *empolgado* sobre o que a ciência economia pode oferecer. Conhecer economia abre a mente. Não estou brincando. O raciocínio econômico bem fundamentado é uma ferramenta poderosíssima para entender tanto a economia como a sociedade em geral. Este tipo de pensamento esclarece o que está ocorrendo sob a superfície e por quais motivos as coisas são como são. De fato, essa alfabetização econômica é *necessária* para compreender o mundo corretamente.

Mas também é muito possível que eu tenha falhado na minha tarefa. Se isso aconteceu, gostaria muito de saber onde você acha que errei e o que e como eu deveria fazer para melhorar. É fácil me achar online, assim, por favor, compartilhe seus comentários. E, por favor, passe o livro para outras pessoas. Quem sabe, a pessoa que receber esse livro depois de você possa ter melhor sorte e aprender mais. De qualquer maneira, doar o livro não vai fazer uma grande diferença no seu bolso – é um livro bem barato. E talvez, com sorte, você tenha aprendido alguma coisa.

Na preparação deste livro contei com a ajuda, as discussões e as sugestões de muitas pessoas. Agradecimentos especiais vão para Porter Burkett, Susanne Bylund, Richard Gajan, David Gordon, Jonathan Newman e Mikael Nordin, que leram e deram sugestões em versões anteriores do manuscrito. Quaisquer erros que ainda permaneçam são somente meus.

Meus sinceros agradecimentos também vão para as muitas pessoas que contribuíram com doações que permitiram a escrita deste livro. Agradeço também ao Mises Institute pela oportunidade de levar a teoria econômica da Escola Austríaca para o público em geral num formato curto, acessível e de fácil compreensão.

Per Bylund
Tulsa, Oklahoma,
julho de 2022.

INTRODUÇÃO À EDIÇÃO BRASILEIRA

———— § ————

Fernando M. D'Andrea

Os primeiros passos para começar a estudar qualquer tema são sempre espinhosos. Nessas situações, é comum que haja uma dificuldade grande de encontrar uma porta de entrada suficientemente acessível. Para deixar as coisas mais complicadas, acessibilidade não vai ser muito útil se o conteúdo não for denso e profundo o suficiente. O equilíbrio entre a leitura fácil – e, por que não, divertida(?) – e a profundidade do conteúdo é difícil de alcançar em qualquer texto, mais ainda num texto introdutório. Fica mais difícil ainda se o texto é sobre a "ciência sombria" (*dismal science*) da economia.

E é exatamente isso que o leitor vai encontrar nesse livro. Uma leitura sobre economia, fácil e profunda ao mesmo tempo. Mas antes de falar sobre o livro em si, deixem-me falar um pouco sobre seu autor.

Per Lennart Bylund é um dos economistas mais sagazes do início do século XXI. Adotando a tradição austríaca de Menger, Böhm-Bawerk, Mises, Hayek e Rothbard, Bylund terminou seu doutorado em economia aplicada pela Universidade do Missouri nos Estados Unidos em 2011. Antes do doutorado, ainda na sua terra natal, a Suécia, formou-se em administração e fez mestrados em informática e teoria política. Ele se tornou figura pública nos fóruns suecos de discussão sobre política e economia no final dos anos 1990 onde continua relativamente ativo até os dias de hoje. Profissionalmente, exerceu cargo semelhante ao de vereador em sua cidade natal, trabalhou com informática e programação, e também foi empreendedor. Atualmente é professor de Empreendedorismo na Universidade do Estado do Oklahoma, na cidade de Stillwater, e mora em Tulsa com sua esposa.

Seu interesse fundamental é em desenvolvimento econômico, como ele ocorre e quais as razões pelas quais ele não ocorre. Em específico, Bylund usa o método austríaco, a praxiologia, para compreender o mundo e desenvolver teorias que expliquem melhor as interações sociais. Neste ambiente, ele demonstra um interesse especial pelo papel dos empreendedores no mercado e nas dificuldades que estes precisam enfrentar parar servir aos seus consumidores. Além de ser um acadêmico conceituado, com artigos publicados nas melhores revistas científicas do meio, Bylund também é muito ativo nas redes sociais, participa regularmente de entrevistas e painéis sobre economia e empreendedorismo, além de manter uma coluna na revista eletrônica "Entrepreneur.com". Nos ambientes menos acadêmicos, ele traduz os diversos conceitos teóricos sobre economia e empreendedorismo em particular para uma audiência não acadêmica.

Voltemos agora ao livro, esta introdução à economia toma por base o método lógico-dedutivo da Escola Austríaca. O mesmo método foi, em larga medida, usado por economistas anteriores à esta tradição teórica, dentre eles Richard Cantillon, Adam Smith, Jean-Baptiste Say e David Ricardo e foi dominante em economia até os anos 1930, quando uma abordagem baseada no positivismo e no falibilismo tornou-se mais difundida. O objetivo declarado do livro é desmistificar a economia para os iniciantes na matéria, dar a eles uma porta de entrada acessível, mas sem perder a necessária acurácia e profundidade teórica. A pergunta que motivou a escrita do livro foi: "por onde eu começo a entender economia"?

O livro é dividido em três partes – Economia, Mercado e Intervenção –, ele tem 9 capítulos no total e pode ser lido em uma tarde, com facilidade. Na primeira parte, Bylund trata de temas básicos como, por exemplo, o que é e do que trata a economia, o que é teoria economia e, por fim, como a economia deve ser estudada, qual método deve ser usado e por qual motivo? A segunda parte é construída sobre as fundações da anterior e fala sobre o mercado; aqui Bylund se debruça sobre temas fundamentais para compreender como a economia funciona. Ele começa por explicar que a economia é um processo, depois fala sobre o papel fundamental do empreendedor neste processo e sobre a também fundamental importância do cálculo econômico para a construção e sobrevivência da civilização. É também nesse momento em que Bylund trata do consumidor, em particular ele explica como é a valoração subjetiva do consumidor sobre produtos e serviços que dá aos empreendedores o direcionamento que eles precisam para agir, criando e modificando processos produtivos. Na terceira parte do livro, Bylund trata de aplicações daquilo que foi explicado até então, para tanto ele introduz as intervenções – feitas normalmente pelo aparato estatal – e leva a análise para algo mais próximo ao que vemos no mundo real; em particular, ele trata das intervenções na moeda e nas ações empreendedoras como um todo. Nesta parte ele explica o que são tais intervenções, como e por quem elas são implementadas, e quais suas consequências – vistas, não vistas e não realizadas – para o funcionamento do processo de mercado.

Este livro se junta ao cânone de introduções à ciência econômica já disponíveis – textos como "Eu, o lápis" de Leonard Reed, "As Seis Lições" de Ludwig von Mises e "Economia numa Única Lição" de Henry Hazlitt – porém, por conta da maneira pela qual foi escrito, esta introdução pode ser compreendida como a mais fundamental dentre todos estes textos. A mim não resta dúvida que "Como Pensar a Economia: De Forma Simples" é o primeiro livro de economia que alguém deveria ler, e que este livro terá efeitos profundos em seus leitores e atravessará gerações como a melhor introdução sobre economia escrita até hoje. Os falantes de português do mundo inteiro têm sorte de estar entre os primeiros a ter acesso à essa obra.

Antes de terminar, é importante lembrar a célebre frase de Murray Rothbard:

> Não é nenhum crime ser ignorante em economia, que é, afinal, uma disciplina específica e considerada pela maioria das pessoas uma "ciência sombria". Porém, é totalmente irresponsável vociferar opiniões estridentes sobre assuntos econômicos quando se está nesse estado de ignorância.

Este livro serve exatamente a este propósito: em poucas palavras e com um esforço relativamente pequeno, acabar com a ignorância econômica do leitor.

Caso não seja do seu interesse ir mais fundo nos estudos em economia, ainda assim, tenho certeza que o livro lhe será útil para compreender melhor o que a economia é e como ela funciona, e em geral, compreender como o mundo à tua volta funciona. Mas se você decidir ir mais fundo, este livro será útil para melhor compreender as próximas, e mais avançadas, leituras sobre o tema. Em ambos os casos, o livro vai servir como um antídoto. Ele vai te ajudar a analisar e colocar em perspectiva as leituras e discussões de ideias que virão pela frente, permitindo perceber falácias que são – infelizmente – muito comuns nos textos e nas discussões públicas ou particulares que tratam sobre economia. A ideia é dar ao leitor a capacidade de entender melhor o que é essa ciência, como ela funciona, quais as suas funções, quem as exerce e quais os problemas que ela enfrenta e tenta resolver. Com essas ferramentas em mãos, você não vai mais ser facilmente enganado por promessas fáceis e por ideias que parecem ser complexas demais para um leigo.

Por fim, tenho certeza que o estilo simples e a ausência de jargões técnicos desnecessários fazem com que o livro seja acessível a qualquer pessoa interessada. E espero que traga ao leitor a mesma sensação que trouxe a mim, de que entender economia é não apenas fascinante por si mesmo, mas também nos dá um ferramental poderosíssimo para compreender melhor a nossa própria realidade.

Fernando M. D'Andrea
Stillwater, Oklahoma, EUA
Outubro de 2022

PARTE I
ECONOMIA

CAPÍTULO 1

O QUE É ECONOMIA

Economia é empolgante. A economia antiga buscava entender como o mundo funciona. Ela mostrou, ou até mesmo provou, que há uma ordem natural. Embora o mundo pareça caótico, há uma estrutura. A economia tem quase que uma vida própria: ela tem natureza. Isso significa não somente que podemos estudar e aprender sobre como ela funciona, mas também que não somos capazes de modificar a economia a nosso bel prazer, não podemos fazer a economia funcionar de maneiras que vão contra a sua natureza. Existem "leis" que fazem a economia funcionar, e essas leis são imutáveis. Nos últimos três séculos, o estudo da economia tem sido sobre identificar, aprender e entender essas leis.

Para entender economia, é fundamental reconhecer que ela trata da ação humana e das interações entre os seres humanos. De fato, a economia é a ação e a interação das pessoas. A economia é pouco, ou nada, além disso. É comum pensar sobre economia em termos de recursos, máquinas, negócios, e talvez empregos. Mas esta é uma simplificação enganosa. Essas coisas são importantes, mas são meios que podem ser usados para atingir fins. A economia é sobre *usar meios para atingir fins*. Dito de outra maneira, é sobre como agimos para satisfazer nossos desejos, para fazer com que nossa vida melhore. De maneira simples, a economia é sobre criar valor.

Nossos meios são limitados, mas nossos desejos não são. Então precisamos entender como fazer o máximo possível com o pouco que temos. Se decidimos buscar um fim, então não poderemos mais usar os mesmos meios já usados anteriormente para buscar novos fins. Dito de outra maneira, há sempre um *tradeoff*[1], uma troca. Cada escolha que fazemos, cada ação humana significa que estamos deixando de lado aquilo que não escolhemos. Ou você pega o carro e vai dar uma volta, ou você fica em casa. Não é possível fazer ambos ao mesmo tempo. Você pode usar seu dinheiro para comprar uma coisa, ou para comprar outra. Ou você poupa para uma outra oportunidade. Mas o mesmo dinheiro não pode ser usado para comprar alguma coisa e também para poupar. A sua escolha por uma das alternativas significa que você não escolheu, e não pode escolher, as outras alternativas. Ao escolher uma coisa ao invés de outra, ao *agir*, nós colocamos os diferentes valores numa escala – nós *economizamos*. A economia é a união de todos nós, humanos, economizando.

---

1. Não existe uma tradução adequada o suficiente para o conceito de *tradeoff*. Em termos gerais, um *tradeoff* acontece sempre que há um conflito entre diferentes escolhas possíveis, entre fazer A, B, C... Como o autor explica, *tradeoffs* estão presentes em todas as decisões humanas. (N. T.)

A ECONOMIA

A economia é uma ordem não planejada. É o que emerge quando as pessoas tratam das suas vidas, quando interagimos da maneira que nos parece a mais correta.

Um economista francês do século XIX, Frédéric Bastiat capturou esse conceito numa pergunta: "Como Paris é alimentada?". Por viverem numa cidade grande, os parisienses não produzem comida, mas ainda assim têm acesso abundante a alimentos. A pergunta importante é: como isso acontece? Afinal, não há um planejamento central para definir quais os tipos e quantidades de alimentos devem ser disponibilizados aos parisienses e quando isso deve acontecer. Não há ninguém dizendo aos produtores quando e o que plantar, qual terra usar para cada cultura, quais ferramentas usar ou quais desenvolver, em quais cidades, vilas ou praças de comércio os produtores devem vender os seus produtos, e a que preço. Tudo isso *simplesmente acontece*. A economia é um sistema descentralizado e distribuído no qual todos – produtores de alimentos e moradores da cidade, ao mesmo tempo – fazem seus planos e tomam suas decisões. Estes agentes não seguem ordens de algum comando central[2].

O objetivo da ciência econômica é entender como uma economia, em todas as suas formas, funciona: a natureza e os detalhes do processo como um todo, processo este composto por pessoas tomando suas próprias decisões, agindo e interagindo

---

[2]. Em muitas economias o governo é um ator importante, o que ocorre normalmente na forma de comando central. Esse tema será discutido na Seção 3 do livro. Por enquanto o foco vai ser na economia em si mesma, ou seja, em como as coisas funcionam sem que haja um comando ou planejamento central.

como elas acham melhor. E a economia não tem um plano ou um planejador. Ela nem mesmo tem um objetivo, ela somente é.

Mas as pessoas têm objetivos. Elas têm necessidades e desejos que se esforçam por satisfazer, usando diferentes meios. Alguns destes meios são dados pela natureza, mas a maioria deles requer o uso dos esforços dos seres humanos para serem produzidos. Estes são os bens e serviços que podem satisfazer quaisquer desejos que tenhamos. Portanto, o ato de produzir é central para a economia: trata-se de fornecer o máximo possível de meios para que as pessoas possam satisfazer o maior número possível dos seus desejos de maior valor.

O PROBLEMA ECONÔMICO

Produzir é um problema. Produzir não é somente sobre descobrir quantos recursos estão disponíveis. Não há relação constante entre o que entra na produção e o que sai dela, entre *input* e *output*. É verdade que é muito comum que mais *inputs* produzam mais *outputs*. Mas com inovação é possível conseguir mais *output* para cada unidade de *input* – a produtividade cresce. Isso fica ainda mais óbvio quando falamos sobre o *valor* do *output* e não somente sobre sua quantidade. Valor nunca é automático. É possível usar um bocado de recursos para produzir algo que acaba não tendo valor algum. Se eu pintar um quadro, o resultado esperado seria de um valor bastante baixo, não importa quanto eu me esforce ou quanta tinta use. O valor de uma tela e tintas combinados por Vincent van Gogh criaria algo de valor muito maior. Caso van Gogh assinasse o quadro que eu pintei, o meu quadro aumentaria de valor. Mas se eu assinasse o quadro dele, aquela pintura, pelo contrário, perderia valor.

A única relação perene que existe entre *inputs* e *outputs* é que temos que usar *inputs* para produzir *outputs*. Não somos capazes de criar alguma coisa a partir do nada.

O problema econômico não é produzir *per se*, mas economizar na produção. Isso ocorre pelo fato de que a quantidade de recursos aos quais temos acesso é e será sempre menor do que nossa capacidade de achar usos para esses recursos. Dito de outra maneira, recursos são escassos. Então, é nossa responsabilidade entender como os recursos podem ser usados para produzir o melhor resultado possível (em termos de valor). Nós nos tornamos cada vez melhores nisso, especialmente nos últimos dois ou três séculos. Por milhares de anos fizemos pouquíssimo progresso, mas de repente, com o que chamamos de *industrialização*, um país atrás do outro começou a sair da pobreza através de melhorias substanciais na produção. O interesse na ciência econômica coincide com esse desenvolvimento.

Daí vem o título do importantíssimo tratado de Adam Smith: *Uma Investigação sobre a Natureza e as Causas da Riqueza das Nações*. O título do livro chama a nossa atenção para as duas dimensões da questão de riqueza nacional (ou prosperidade) que estavam e ainda estão no cerne de economia: a *natureza* da prosperidade e suas *causas*. A natureza da riqueza refere-se a como devemos entendê-la, o que a compõe e como a economia como sistema se relaciona com a teoria do valor como satisfação pessoal. As causas da riqueza referem-se às origens e aos processos particulares que trouxeram essa prosperidade. Se os entendermos corretamente, podemos tirar as pessoas da pobreza e criar uma sociedade cada vez mais próspera.

A ciência econômica entendida como o estudo da economia e de como ela funciona é, por consequência, também a ciência que busca entender como a prosperidade é criada.

ECONOMIA E COMPREENSÃO

Ser economista é ser um estudioso do sistema econômico como um processo em constante modificação. O objetivo é compreender como esse sistema funciona e qual a sua natureza. A ideia é compreender a natureza e as causas desses processos universais, seus mecanismos e ordens, que nós identificamos como a economia. Desta maneira também podemos aprender sobre prosperidade e importante, podemos aprender como é possível produzir mais prosperidade e assegurar que mais pessoas se beneficiem dessa prosperidade.

Para compreender como a economia funciona, devemos ser humildes diante do fato de que a economia existe e que há nela uma ordem – a economia tem uma natureza. A busca do economista não é por predizer coisas específicas sobre o futuro, mas por conhecer e descobrir os processos que produzem os resultados que observamos na economia. Em outras palavras, nós devemos desenvolver uma lógica para entender os fenômenos econômicos e comportamentos agregados – devemos desenvolver uma teoria econômica. A ciência econômica é uma lente para *como pensar e refletir sobre a economia*, para compreender o que está acontecendo. É algo como uma *intuição*.

Do que foi dito até aqui, deduz-se que aprender economia é fundamentalmente a alfabetização econômica para que possamos melhor compreender o nosso mundo. O mundo real, não o mundo inventado que encontramos em modelos formais. Como disse Ludwig von Mises, "a economia lida com o homem real, frágil, e não com seres ideais, oniscientes e perfeitos como só os deuses poderiam ser". Sim, exatamente.

CAPÍTULO 2

TEORIA ECONÔMICA

Como outras ciências e áreas do conhecimento, a economia é formada por um corpo de teorias. Uma teoria é uma coleção de explicações que nos permite entender algo. A teoria econômica nos permite entender *como uma economia funciona*. Explica os meandros do funcionamento da economia como um todo, para que possamos compreender o sentido, o impacto, as origens e a evolução dos fenômenos econômicos.

Para que uma teoria seja confiável e útil, ela necessariamente deve apresentar um todo coerente. Se isso não ocorre, ao menos algumas de suas explicações serão contraditórias. Não é possível compreender algo com base em explicações contraditórias: é impossível que algo seja e não seja uma coisa ao mesmo tempo. Isso vai contra a razão e não faz sentido. Contradições são um sinal de que algo está errado com a teoria. Desta maneira, todo o corpo da teoria deve ser logicamente coerente e internamente consistente. Isso significa que qualquer parte da teoria deve ser consistente com suas premissas fundamentais – a teoria deve ser verdadeira para com os seus princípios fundamentais.

Mas não é suficiente construir um sistema teórico consistente com base em princípios fundamentais se estes princípios são inconsistentes. É possível produzir um sistema teórico internamente consistente com base em princípios inconsistentes. Por serem internamente consistentes, tais sistemas podem parecer muito convincentes, mas, ainda assim, eles são incapazes de proporcionar entendimento real, pois cada explicação que eles fornecem tem por fundamento algo que não é verdadeiro e pode até mesmo não ser razoável. Você não iria querer usar uma ponte estruturada por um engenheiro que acredita que madeira é mais forte que ferro. Não importa quão correta é a matemática usada nos cálculos estruturais ou quão sofisticado é o design da ponte – a premissa que sustenta a ideia está errada e, portanto, a ponte não é confiável. A ponte não vai segurar o peso esperado mesmo que todos os cálculos estejam corretos. O mesmo ocorre com teoria econômica: ela deve ser construída sobre bases sólidas e premissas confiáveis.

Por consequência, para que uma teoria seja correta, ela deve ser internamente consistente e baseada em premissas verdadeiras. Uma teoria confiável não pode atender a somente um destes dois critérios e ainda assim proporcionar entendimento sobre o mundo real; uma teoria confiável deve atender aos dois critérios.

O PONTO DE PARTIDA

A ciência econômica é baseada no conceito de ação humana como comportamento proposital. Isso significa que nós aceitamos que, ao agirem, as pessoas o fazem em busca de um objetivo. Isso não significa que as pessoas estão sempre certas, ou fazem "a coisa certa" (o que quer que tal coisa seja). A premissa significa que a razão pela qual as pessoas tentam atingir seus objetivos é que elas, de alguma maneira, dão valor ao resultado esperado da ação. Ao que as pessoas dão valor, o porquê de elas darem valor a tal coisa, ou se esta expectativa é razoável ou racional é irrelevante para a economia. Tais considerações estão para além da ciência econômica. O que importa é o fato que as ações dos indivíduos são motivadas por tal expectativa.

Pode parecer estranho que a ciência econômica não lide com os motivos pelos quais as pessoas valorizam determinadas coisas, mas não outras. Mas não há contradição neste ponto. Os sonhos, fantasias e imaginações das pessoas serão relevantes para a ciência econômica somente se houver ação. Pense comigo: se você sonhar algo e não agir, você não está fazendo nada para que o sonho se torne realidade. O sonho permanece um sonho e nada mais. O sonho em si não faz diferença no mundo, o simples desejo não provoca mudança no mundo real.

Por isso, a ação se torna um ponto de partida lógico para estudar realidades sociais. Ação é o que faz com que nós transformemos o mundo.

DESTRINCHANDO A AÇÃO HUMANA

Ao reconhecer as ações pelo que elas são – comportamentos intencionais – temos um ponto de partida surpreendentemente poderoso. Reconhecer isso nos faz perceber coisas sobre o comportamento e as relações humanas que vão bem além daquilo que a maioria das pessoas acha possível. De fato, o economista Ludwig von Mises mostrou que a teoria econômica pode ser derivada desse simples conceito.

Vamos ver que tipo de coisa podemos aprender sobre o mundo, simplesmente elaborando e raciocinando logicamente sobre o conceito de ação humana. Na verdade, já dissemos que as ações são motivadas e que, portanto, elas são executadas com algum propósito que faz sentido para o agente. Sabemos que ações tem algum objetivo – um resultado – que o agente considera benéfico para si mesmo. Dito de outra maneira, as ações visam atingir um objetivo que o agente acredita ter valor.

Como os agentes estão tentando atingir objetivos, é lógico que eles ainda não estão no estado que desejam, e agem para buscar um estado melhor do que o atual. Por consequência, podemos concluir que há algo que o agente quer, que não tem, e que acredita ser possível obter através de algum conjunto de ações específicas que fariam com que ele ficasse mais satisfeito. Dito de outra maneira, ações são fundamentalmente *causais*: nós agimos, pois acreditamos ser capazes de criar uma mudança específica.

Também concluímos que o agente crê que a ação é a melhor ou única maneira para atingir o objetivo. Caso contrário, qual seria o motivo para agir? O fato de o indivíduo não ter ainda agido sugere que ele desconhece a possibilidade de que a ação o leve ao objetivo, que ele não tem os meios para agir, ou que outros objetivos estão em lugar mais alto na sua escala de valor individual. Estes motivos sugerem escassez, eles sugerem que os meios à disposição são insuficientes parar atingir todos os objetivos – e que, portanto, o agente *escolhe*. O fato de que o agente precisa fazer escolhas implica no fato de que ele ou ela precisa aceitar *tradeoffs*. Ao fazer isso, o agente está *economizando*.

Também podemos concluir que a ação humana é sempre ação *individual*, motivada por algum valor que o indivíduo acredita ser capaz de atingir com aquela ação. Outros indivíduos podem ter o mesmo objetivo em mente e algumas ações exigem colaboração para que sejam factíveis. Isto, porém, não muda o fato de que cada pessoa age individualmente. As pessoas podem escolher agir em colaboração, mas estas também são escolhas individuais. O grupo em si não age. O fato de que quatro pessoas colaboraram para elevar e movimentar um piano não significa que o grupo levantou o piano, mas que as quatro pessoas entraram em coordenação de seus esforços individuais para atingir aquele objetivo comum. Em outras palavras, a ciência econômica adota o *individualismo metodológico*.

Empresas, organizações, grupos e governos também têm efeitos reais sobre como as pessoas agem. Mas não é possível entender como esses efeitos ocorrem sem, ao mesmo tempo, reconhecer que as pessoas que compõem as empresas, grupos e governos agem. Ao reconhecermos isso, compreendemos que os agentes dentro dos grupos podem ter objetivos que contradizem os objetivos explícitos do grupo e que, portanto, existem tensões e algumas pessoas podem agir de maneira a prejudicar os objetivos declarados dos grupos. Tal conclusão não seria possível se tivéssemos como premissa que o grupo em si age.

A GENIALIDADE DO AXIOMA DA AÇÃO

A ciência econômica usa raciocínio lógico para descobrir os processos que constroem a economia e reconhece que a motivação para a ação é pessoal – que *valor é subjetivo*. A subjetividade do valor dá aos economistas a capacidade de formular teorias realistas e consistentes para explicar a formação de preços como resultados de valoração individual na margem. Como os indivíduos escolhem entre as diferentes possíveis ações, eles precisam dar uma ordem às suas opções. Esta ordem é dada subjetivamente com base no valor antecipado esperado que o indivíduo acredita que será proporcionado pelo resultado de cada ação.

Seres humanos nunca dão valor às coisas em si, mas à satisfação que acreditamos que tais coisas podem nos proporcionar. Um copo de água no deserto é provavelmente muito mais satisfatório que um copo semelhante enquanto estamos confortavelmente sentados no nosso sofá de casa. Mas por qual motivo? Isso ocorre porque damos valor às coisas de acordo com a satisfação que elas podem nos proporcionar na situação na qual nos encontramos. Se estivermos estirados no sofá, a maior satisfação que podemos obter de um copo de água não chega nem perto da satisfação que teremos de um copo de água para nos manter hidratados e vivos no deserto. E quanto maior a quantidade de determinado bem a nossa disposição, menor será a nossa satisfação de usar uma outra unidade deste mesmo bem. De fato, para cada unidade específica de uma coisa damos o valor da satisfação que podemos obter ao consumir a última unidade disponível (a unidade marginal). Portanto, em qualquer situação, se tivermos três copos de água, nós valorizamos cada um deles menos do que valorizaríamos caso tivéssemos somente dois copos. Ao mesmo tempo, tendo três copos, damos mais valor a cada copo do que daríamos caso tivéssemos quatro copos de água disponíveis. Isto ocorre porque o valor que damos a qualquer dos copos, em qualquer das situações, equivale à satisfação que este copo proporciona – o menor valor, o valor marginal. É por este motivo que agimos de maneira diferente, dependendo de quantas unidades possuímos de cada coisa e de quão importantes estas coisas são para nós – de qual satisfação esperamos obter de cada unidade do bem específico.

Em outras palavras, a ação conecta as valorações subjetivas que temos nas nossas mentes – a ordem que damos aos possíveis resultados de nossas ações – com as coisas que existem fora das nossas mentes. As ações são a ponte entre as valorações pessoais, que não podem ser medidas, e os resultados no mundo real. Ao entender a ação humana como o ponto de partida para pensarmos sobre economia, a subjetividade dos valores não se torna um problema para entendermos a produção de bens, serviços e outros fenômenos econômicos. Não é necessário saber por quais motivos as pessoas valorizam o que valorizam, precisamos somente saber que elas valorizam determinadas coisas e que agem de acordo com tais valorações.

Todo fenômeno econômico – alocação de recursos, preços de mercado, ciclos econômicos – são consequências da ação humana, e nós sabemos que a ação humana é sempre proposital e sempre objetiva economizar. A tarefa da ciência econômica é, portanto, compreender a economia e todas as suas implicações usando a perspectiva da sua causa mais fundamental: a ação.

CAPÍTULO 3

COMO FAZER CIÊNCIA ECONÔMICA
(OU COMO ESTUDAR ECONOMIA)

É comum que a ciência econômica seja classificada como defeituosa por ser "ideológica" – *por promover o livre mercado*. Isto é um mal-entendido.

O livre mercado em economia é um modelo – uma ferramenta analítica. Tal ferramenta exclui da análise circunstâncias e influências complicadoras, e assim faz com que seja possível estudar fenômenos econômicos fundamentais *por eles mesmos*, de maneira que não sejam confundidos com outros efeitos. Em economia, estamos interessados em entender a natureza e as relações das forças econômicas. Em outras palavras, excluímos coisas que atrapalham a economia, como regulações que são impostas para modificar os comportamentos dos indivíduos e acabam por modificar o que ocorre na economia. O resultado é uma economia onde apenas as forças de mercado existem – um "livre mercado".

O modelo mental do livre mercado serve em economia de forma similar ao estudo da queda de objetos no vácuo em física. Ao estudarmos a queda no vácuo excluímos coisas como a resistência do ar para estudar os efeitos da força gravitacional. Seria impossível estudar gravidade sem separá-la das outras forças que também têm algum efeito sobre os objetos que caem, e que podem reforçar ou reduzir os efeitos gravitacionais. Em economia usamos o modelo do mercado sem interferências, ou livre, da mesma maneira: para estudar as forças econômicas sem influência de outras coisas. É necessário que saibamos como a economia por si só funciona antes de estudarmos as coisas que exercem influência sobre ela.

A ciência econômica promove e advoga em favor de livres mercados da mesma maneira que a física promove o estudo de objetos que caem no vácuo. É impossível pensar sobre a economia sem usar o modelo do livre mercado.

O SIGNIFICADO DAS TROCAS

A ciência econômica está baseada em raciocínio econômico – o uso da lógica para compreender o porquê/por que não e o quando/quando-não. É desta maneira que conseguimos compreender o que vemos e compreender com mais clareza os processos econômicos. Deixem-me ilustrar isso com um exemplo básico de uma troca entre duas pessoas, Alan e Bia.

Digamos que Alan ofereça para Bia uma maçã e Bia lhe dê 250 ml de leite. Podemos analisar essa troca de duas maneiras. Uma delas é estudar empiricamente o acontecido, observando a troca no mundo real, coletando dados "objetivos" (ou seja, mensuráveis) antes, durante, e depois da troca. Usando esses dados, podemos descrever o que ocorreu e podemos buscar explicações para o fato.

Não é necessário discutir detalhes parar entender como tal método é inadequado para compreender o significado das trocas para o raciocínio econômico. Mesmo que estudemos empiricamente esta troca em todos os seus detalhes, será impossível compreender *por que* a maçã trocou de posse indo de Alan para Bia, por qual motivo o leite foi na outra direção, ou mesmo se estas duas transferências estão, de alguma maneira, relacionadas. Não há significado nos dados observados, eles não podem nos dizer nada além dos fatos observados e de quem possui o quê e quando. Falando de maneira específica, os dados não podem nem mesmo nos dizer que houve uma *troca*.

A ciência econômica deve claramente ir além das descrições como "Alan tem uma maçã e Bia tem leite" e que, um minuto depois "Bia tem a maçã e Alan tem o leite". Economia é sobre compreender que houve uma troca e o que tal troca significa para as partes. Sabemos que deve significar algo, pois eles *escolheram trocar*. A troca não foi apenas o resultado de um estímulo externo. Trocas não são automáticas.

Mas para estudar isso, devemos começar a pensar sobre os motivos que levaram Alan e Bia a trocarem. Em outras palavras, reconhecemos – usando o que chamamos de compreensão *apriorística* – que os dois indivíduos estão agindo e que, portanto, eles estão em busca de um objetivo. A ação humana, como Ludwig von Mises nos informa, é comportamento proposital.

Com tal compreensão, podemos facilmente ver que houve, de fato, uma troca. Alan trocou sua maçã pelo leite que era de Bia. Por ter havido uma troca, também sabemos que – excluindo a possibilidade que um dos dois tenha sido coagido ou enganado – ambos esperavam atingir um estado mais satisfatório com o que receberam na troca. Em outras palavras, eles trocaram porque, para Alan, o leite tem mais valor que a maçã, e Bia dá maior valor à maçã que ao leite.

Esta conclusão pode parecer óbvia, e deveria: todos temos a compreensão básica de que a ação humana é comportamento proposital e que agimos para atingir um estado no qual esperamos desfrutar de maior valor do que nos estados alternativos. Nós agimos porque queremos alguma mudança e porque acreditamos que a mudança nos levará a um estado melhor de alguma maneira.

Com base nisso, conseguimos compreender os motivos que levam Alan e Bia a trocar. Podemos não concordar com as valorações deles, mas não precisamos. Mesmo que não concordemos, ainda assim compreendemos que as trocas voluntárias devem ocorrer com base na "dupla coincidência de desejos" que ocorre entre as duas partes – que tanto Alan quanto Bia esperavam melhorar suas situações depois da troca (do contrário, eles não teriam trocado).

PREÇO E VALOR

No nosso exemplo, Alan e Bia estavam livres para fazer a troca – foi uma transação de livre mercado. Esse exemplo é muito simples, mas simplificar não é um problema. Pelo contrário, é uma vantagem, pois nos permite identificar os processos e mecanismos fundamentais. Não teríamos aprendido nada a mais se tivéssemos complicado o exemplo com regulações, requerimentos de licenças, definições legais, direções de saúde, impostos, e etc. Incluir tais coisas faria com que a compreensão do que ocorreu fosse, de fato, mais difícil. Haveria coisas demais que poderiam afetar as decisões de Alan e Bia.

Então faz sentido estudar a troca por si mesma, sem fatores complicadores; desta maneira podemos aprender sobre o significado puro da troca. Isso também significa que poderemos adicionar fatores ao cenário para ver como eles modificam o resultado, e compreender como estes fatores se relacionam com (ou afetam) a troca. Isto é feito passo a passo, começando do acontecimento fundamental e adicionando fatores complicadores aos poucos. Se não compreendemos a troca em si, então muito menos seremos capazes de entender como outros fatores podem influenciá-la.

    Talvez Bia crie gado leiteiro, mas goste muito das maçãs que o Alan produz em seu pomar, e estaria disposta a trocar até um litro de leite (quatro vezes os 250 ml) por uma simples maçã. Talvez ela pense que as maçãs que Alan produz sejam realmente boas. Pagar 250 ml é um excelente negócio para Bia. Não é de surpreender que ela esteja disposta a fazer a troca!

    Mas o mesmo vale do outro lado. Devemos concluir que Alan também considera que 250 ml de leite é um "preço" bom o suficiente pra fazer a troca. O valor que ele dá aos 250 ml de leite produzidos por Bia é maior que o valor de uma maçã que ele produz. Se isso não fosse verdade, a troca não ocorreria. Portanto, apesar de ser verdade que Alan poderia receber uma quantidade maior de leite por uma maçã – quatro vezes mais – os 250 ml que ele conseguiu claramente são suficientes para ele. Talvez ele estivesse disposto a pagar duas maçãs pelos 250 ml de leite. "Pagar" uma maçã pelo leite é um bom negócio da perspectiva de sua valoração pessoal.

    Mas não precisamos conhecer as valorações específicas de Alan e Bia. De fato, nem eles precisam saber. O que importa é que eles consideram que a troca "vale a pena". O "preço" a ser pago não será mais alto que o valor daquilo que eles recebem em troca. Por exemplo, se Alan não tivesse aceitado nada abaixo de 1,25 litros de leite por uma maçã, não teria havido troca. Pois, nestas condições, a troca não valeria a pena para Bia.

Parece óbvio? Sim, mas aprendemos um bocado por termos elaborado sobre o que deve necessariamente ocorrer para que uma troca aconteça. Estabelecemos as condições necessárias para que uma troca ocorra (as partes devem esperar ganhos advindos da troca, o "preço" que cada parte paga não pode ser maior que o valor que cada uma delas espera obter em retorno) e mostramos a diferença entre troca voluntária, que deve ocorrer em benefício de todas as partes envolvidas, e transferência involuntária (por exemplo, roubo). Embora não tenhamos discutido transferências (ou trocas) involuntárias, é fácil ver que, neste caso, ao menos uma (ou ambas) das partes envolvidas não teria trocado se não em benefício próprio, a não ser que tivessem sido forçadas a transacionar. Algo similar ocorreria caso uma das pessoas na transação tenha sido, de alguma forma, passada para trás, se houve alguma fraude ou enganação.

O MECANISMO DE PREÇO

Agora podemos adicionar uma terceira pessoa, Caio, que planta peras. Bia fica sabendo dessa novidade deliciosa e, com alegria, troca toda a sua produção de leite por uma cesta cheia de peras. São três litros (12 vezes 250 ml) de leite por 15 peras. Ao mesmo tempo, Alan tenta repetir a troca feita ontem com Bia, mas Bia já não tem mais leite disponível para trocar. No dia seguinte, Alan visita Bia mais cedo para ter chance de "comprar" leite antes que Caio leve tudo. Bia gosta das peras de Caio mais do que gosta das maçãs de Alan, mas Alan agora diz estar disposto a dar *duas maçãs* por 250 ml de leite. Agora que o leite dela compra duas vezes mais maçãs do que antes, ela leva essa mudança em consideração.

Este exemplo simples nos sugere como o *mecanismo de preços* funciona. Preços são razões de troca. Eles não são determinados aleatoriamente, mas são resultado de escalas de valor individuais para diferentes produtos. Podemos ver que existem limites para os preços. Chegamos ao limite de preços da Bia quando as maçãs custam a ela mais do que um litro de litro de leite cada. Ela não acha que vale a pena pagar mais do que isso. Mas com a nova oportunidade de trocar seu leite por peras, Bia não mais considera comprar maçãs no "preço" de 250 ml de leite. Isto se torna óbvio pelo fato de que ontem ela comprou somente peras. O valor que ela dá às maçãs pode não ter mudado, mas o valor que ela dá à troca por peras está em maior nível na sua escala de preferências. Nossas decisões de compra são baseadas nessas comparações de valor. Elas são relativas, buscamos o que valorizamos mais e os preços que pagamos são limitados por nossa comparação entre o que recebemos e o que damos em pagamento.

Podemos usar este exemplo para estabelecer as razões de troca (preços) no livre mercado entre maçãs, peras e leite, graças às valorações atuais de Alan, Bia e Caio. Para Bia, vale a pena trocar 250 ml de leite por uma maçã. Mas não se ela conseguir trocar cinco peras por um litro de leite – esta é uma troca mais vantajosa para ela. Então Alan passa a oferecer duas maçãs por 250 ml de leite, o que Bia está considerando aceitar. Se ela aceitar a oferta de Alan, então pareceria que o valor das peras para Bia é algo entre uma e duas maçãs. Com os dados que temos, não é possível ser mais exato que isso, ainda que possamos assumir que o gosto da Bia por maçãs e peras tenha permanecido sem alterações. O que podemos fazer é registrar as razões de troca ao longo do tempo. No nosso exemplo, maçãs são trocadas por 250 ml de leite no dia um, cinco peras são trocadas por um litro de leite no dia dois, e duas maçãs são trocadas por 250 ml de leite no dia três. Mas não observamos, e, portanto, não sabemos nada sobre os limites da valoração das três pessoas envolvidas. Ou como estas valorações podem ter mudado com o tempo.

Esta é a lógica dos preços. Adicione mais pessoas e mais bens e seria muito mais difícil conseguir acompanhar todo mundo e tudo que está acontecendo. Mas o mecanismo é o mesmo. Preços são razões de troca. Isto é verdade ainda que todas as pessoas comecem a usar um dos bens como meio comum de troca, por exemplo, que todos comecem a usar dinheiro. Se todas as pessoas começam a falar sobre preços em termos de quanto leite é necessário para comprar qualquer outra coisa, então fica muito mais fácil comparar preços. Mas preços continuam sendo razões de troca e as trocas continuam acontecendo para ganho mútuo.

O MÉTODO PASSO A PASSO

Praticamente todas as informações importantes que podemos conseguir do exemplo de Alan, Bia e Caio tiveram por base não nossa observação, mas nossa compreensão anterior do significado da ação humana. Por compreendermos que agimos para obter algo que valorizamos e que trocamos com outros em benefício mútuo, podemos descobrir o significado das trocas de Alan, Bia e Caio e das razões de troca que estas trocas determinam. Simplesmente observar quem tem o que e quando, e talvez também observando a "mecânica" dessas trocas, é insuficiente para compreender o que está acontecendo. Ocorre algo de maneira similar na economia como um todo: não podemos fazer duas observações e fingir que, portanto, aprendemos os processos que causaram as diferenças entre as observações. Precisamos dar passos seguindo a lógica da ação para descobrir o que está, de fato, acontecendo.

Vamos dar um pequeno salto e considerar um exemplo de uma economia que tem dinheiro (no *Capítulo 6* discutiremos sobre dinheiro). O dinheiro tem um determinado poder de compra: precisamos de quantidades específicas de dinheiro para comprar diferentes bens. Muitos economistas, do passado e do presente, corretamente diriam que a quantidade de dinheiro (quanto dinheiro está disponível) afeta os preços dos bens. Quando dinheiro novo é criado mais dinheiro fica disponível para comprar a mesma quantidade de bens na economia, então os preços em dinheiro tenderão a subir. Se a quantidade de produtos disponíveis para serem comprados não mudar, mas a oferta de dinheiro, pelo contrário, diminuir, o dinheiro torna-se mais difícil de conseguir, e então os preços em dinheiro tenderão a diminuir.

Mas isso não significa que também podemos concluir que existe uma relação proporcional entre a oferta de dinheiro e os preços dos produtos. Se dobrarmos a oferta de dinheiro, os preços não dobrarão. De fato, ainda que magicamente dobrássemos todo o dinheiro da noite para o dia de maneira que as pessoas acordassem no dia seguinte e descobrissem que o dinheiro disponível em contas bancárias, carteiras e colchões tivesse dobrado, ainda assim não poderíamos dizer que os preços de todos os bens dobrariam. Por quê? Porque as pessoas não reagem de maneira idêntica ou exatamente ao mesmo tempo a uma duplicação de sua quantia de dinheiro. Num caso como esse, os novos preços, assim como os antigos, serão determinados pelas ações das pessoas.

Para usarmos o raciocínio econômico correto, devemos seguir a lógica *passo a passo* para considerar completamente as mudanças que ocorrem no tempo e em sequência. Sabemos que preços são razões de troca, determinadas por oferta (quanto é oferecido para venda) e demanda (quanto as pessoas estão dispostas a comprar). Mas dobrar a quantidade de dinheiro que uma pessoa tem à disposição não significa que a pessoa irá dobrar suas compras dos mesmos bens. Ao invés disso, as pessoas sempre agirão para comprar os bens que melhor satisfazem seus desejos quando comparados aos outros bens disponíveis.

Dito de outra forma, se as pessoas tivessem que comprar dois quilos de manteiga antes que o dinheiro duplicasse, não há razão para esperar que elas então comprassem *quatro* quilos de manteiga. É mais provável que estas pessoas buscassem outros bens que satisfizessem mais seus desejos do que um terceiro e um quarto quilos de manteiga, elas agiriam para comprar aquelas outras coisas. Afinal, existem motivos que levaram estas pessoas a não comprar o terceiro quilo de manteiga antes. Em qualquer situação, como aprendemos, as pessoas vão buscar os fins que elas considerem de maior valor.

Assim como Bia, no exemplo acima, escolheu peras ao invés de maçãs, e depois maçãs ao invés de peras quando Alan ofereceu um negócio mais vantajoso, pessoas com mais dinheiro vão buscar compras que acreditam que as levem a um estado melhor. Alguns podem até mesmo escolher comprar mais do mesmo produto, outros comprarão outras coisas além do que compram usualmente; outros ainda comprarão coisas totalmente diferentes. Isso significa que a demanda por bens específicos ofertados para venda vai mudar de maneiras diferentes: alguns bens terão sua demanda aumentada, alguns verão sua demanda diminuir, e outros verão pouca ou nenhuma mudança. Estes movimentos mudarão os preços de mercado. Maior demanda fará com que os preços de alguns bens aumentem e vice-versa.

As pessoas também não agirão ao mesmo tempo: alguns agirão muito antes e mesmo antes que os preços tenham sido ajustados, o que significa que o poder de compra deles, dado o preço dos bens, efetivamente duplicou. Suas compras (sua demanda) influenciará os preços dos bens que eles comprarem, o que significa que aqueles que deixarem para agir mais tarde poderão ser impactados por preços mais altos para aqueles bens *que os indivíduos que agiram mais cedo escolheram comprar*. Preços são determinados pela ação dos indivíduos, não por fórmulas matemáticas.

Imagine que a pessoa de que falamos antes tivesse agido cedo, mas não para comprar mais dois quilos de manteiga com o dinheiro extra. Ao invés disso, esta pessoa decidiu comprar doces. Isso significa que esses doces já foram vendidos quando aqueles que deixaram para agir depois decidirem comprá-los. Os doces ainda disponíveis para venda estão agora mais escassos e o dono da loja de doces, que é prudente, pode aumentar os preços para se beneficiar deste súbito crescimento da demanda. Como resultado, os indivíduos que agem mais tarde vão enfrentar situações de preço diferentes que os indivíduos que agiram mais cedo, com alguns preços tendo aumentado, enquanto outros não – outros ainda sendo possivelmente mais baixos do que eram antes do aumento súbito da quantidade de dinheiro. As ações destes indivíduos dependerão das trocas específicas que eles irão enfrentar, não havendo razão para acreditar que as ações das pessoas serão misteriosamente balanceadas de maneira que todos os preços do dia anterior serão exatamente o dobro do que eram antes, pois agora há mais dinheiro, mas não mais bens. Os preços dos bens em geral não crescerão proporcionalmente com a oferta de dinheiro.

Esta análise passo a passo (ou análise do processo) revela que a conclusão comum que sugere que dobrar a quantidade de dinheiro dobrará todos os preços é prematura e infundada. Os preços dos diferentes bens se ajustam de maneira irregular e em tempos diversos. Como consequência, é errado dizer que o dinheiro é "neutro" na economia. Nem mesmo dinheiro mágico é neutro.

ECONOMIA COMO CIÊNCIA SOCIAL

A análise passo a passo do raciocínio econômico dá destaque a uma diferença fundamental entre as ciências sociais, como a economia, e as ciências naturais, como a química ou a geologia. É simplesmente impossível tomar por base observações e medidas para compreender fenômenos sociais, e também não podemos tomar por base análises estáticas ou de agregados. É necessário ver a economia como um processo – *um sistema adaptativo complexo em constante evolução* – e caminhar nesta lógica passo a passo para descobrir os processos e seus efeitos ao longo do tempo. Isso também significa que a teoria, nas ciências sociais, tem função e significado específicos, diferentes dos que tem nas ciências naturais. A teoria nas ciências sociais é *anterior* à observação e nos permite compreender o que estamos vendo, não o contrário. A teoria nos dá um quadro geral para *compreender* o que estamos vendo ao tirar a cobertura dos processos sociais, mas esta teoria não pode ser usada prever resultados com precisão. Para fazer previsões, como nas ciências naturais, seria necessário conhecer as valorações subjetivas dos indivíduos, ver o que eles veem e como compreendem cada situação. Mas nada disso é acessível a um observador externo.

Por consequência, as ciências sociais, e, portanto, a economia, são necessariamente teóricas de maneira diferente das ciências naturais. A teoria em ciências sociais compreende o que pode ser logicamente derivado da ação humana – é nossa explicação para todos os fenômenos sociais baseada na nossa compreensão do que significa *agir*. Afinal de contas, todo fenômeno social tem isso em comum: é o resultado das *ações individuais*.

Isso significa que a teoria nas ciências sociais é mais limitada em escopo do que nas ciências naturais, mas, ao mesmo tempo, a teoria nas ciências sociais atinge um nível muito mais alto: ela é *verdade*, e não somente uma série de hipóteses que ainda resistem aos testes que tentam falsificá-las.

PARTE II

MERCADO

CAPÍTULO 4

UM PROCESSO, NÃO UMA FÁBRICA

Para ajudar a entender o que está acontecendo na economia, não devemos olhar para os tipos e as quantidades de produtos que estão nas prateleiras das lojas. A questão é por quais motivos e como os produtos chegaram lá. Responder a esta questão não é simplesmente dizer que os produtos chegaram de caminhão semana passada, isso nos diz apenas como eles foram transportados para a loja. Tal resposta não nos diz nada sobre todos os passos que precisaram acontecer para que os produtos fossem disponibilizados.

E muita coisa acontece antes que um produto esteja disponível para compra numa loja. Todos os produtos que vemos numa loja foram originalmente pensados por alguém; foram desenhados e depois produzidos. O processo produtivo foi desenvolvido, todas as operações e maquinário necessário tiveram que ser também produzidos, e esses processos tiveram que ser supervisionados e gerenciados. Alguém teve que pensar e decidir como oferecer os produtos ao mercado, como vendê-los para as lojas e como resolver os problemas logísticos. Alguém também teve que financiar toda a operação.

Em outras palavras, para entender tudo o que vemos ao nosso redor, incluindo tudo o que achamos que sempre existirá, devemos reconhecer que a economia não é um estado, mas um *processo*. Observar uma fotografia da economia num ponto exato do tempo nos diz muito pouco – se é que diz alguma coisa – sobre como a economia funciona, e isso ainda pode nos direcionar para o lado errado e nos fazer chegar a conclusões erradas.

Sem reconhecer o processo, pode ser fácil concluir que uma situação específica é ineficiente, errada, ou injusta, e também pensar que é fácil melhorá-la, consertar o que está errado, ou calcular um resultado que seja menos injusto.

Por exemplo, se olharmos para um pedaço da fotografia, pode parecer injusto que o dono de uma loja de varejo tenha tantos bens, enquanto outras pessoas não têm nada. Mas ao olharmos para a fotografia como um todo, percebemos que os bens disponíveis na loja não podem ser usados diretamente pelo seu dono, eles são bens em processamento, em direção ao seu uso final, que será dado pelos consumidores. O dono da loja não é um acumulador – e tem pouco "poder econômico". O dono da loja está realizando o serviço de oferecer os bens aos consumidores, e depende da vontade e da capacidade dos consumidores de comprarem esses bens para que ele possa atender às suas próprias necessidades. Sem o varejista, os consumidores teriam que buscar cada um dos itens, em grandes quantidades, de um atacadista. O lojista nos oferece conveniência ao colocar muitos produtos num só lugar.

UM PROCESSO DE COORDENAÇÃO

Há mais na economia do que a produção de um bem que vemos numa prateleira. Tal produção foi possível pela existência de outras produções e processos. Por exemplo, um produtor de doces geralmente não precisa produzir açúcar, saborizantes ou colorantes que são as matérias-primas do doce. Esses produtores também raramente produzem as máquinas de que precisam para produzir o doce, raramente constroem o prédio, ou fazem as embalagens, ou preparam a expedição, ou operam a usina de geração de energia elétrica, etc. Assim, não é suficiente dizer que doces são produzidos por uma pessoa antes de chegarem nas prateleiras de uma loja. De fato, produtores de doces não poderiam fazer o que fazem sem que previamente houvesse outros produtores de todos os ingredientes necessários para produzir os doces.

Em outras palavras, o produtor de doce é parte de uma cadeia de suprimentos muito mais longa, que preenche as lacunas no processo produtivo como um todo. Esta mesma cadeia de suprimentos é composta de muitos outros produtores e processos produtivos específicos. Juntos, esses processos – geralmente executados por empresas diferentes – criam uma cadeia muito longa de operações que, passo a passo, produz os bens específicos desde os "fatores originais" que estavam disponíveis desde o início dos tempos: a natureza e o trabalho. Alguém limpou a terra para que cana de açúcar ou milho pudessem ser plantados. Alguém decidiu oferecer serviços de transporte, o que só foi possível porque outras pessoas antes disso haviam pavimentado as estradas e fabricado caminhões. Tais caminhões só puderam ser produzidos porque alguém, anteriormente, já estava produzindo aço e plásticos e tudo mais que é usado na produção destes veículos. O aço só pode ser produzido por conta da prévia existência e operação das minas de ferro e usinas de fusão. Se tivéssemos que listar todas as coisas envolvidas que permitem ao produtor de doces produzir, seria uma lista longa. Mesmo coisas simples, como o café que os trabalhadores da fábrica de doces tomam nos intervalos, é resultado de uma longa cadeia de suprimentos que envolve milhares de pessoas em muitos países. O que importa não é mapear todas as coisas que estão envolvidas para fazer um determinado bem, mas compreender que a economia é formada por todas essas coisas *trabalhando em conjunto*.

Parece que seriam necessárias muitas empresas e trabalhadores parar produzir todos os bens que são usados na produção daquele doce que você pode então comprar em consumir. Isso é, de alguma maneira, verdade – todas essas pessoas e empresas estiveram envolvidas e todas foram *necessárias* para que o produto final estivesse disponível para ser comprado por você. Mas o minerador de ferro claramente não tem a menor ideia de que o minério extraído da mina vai virar o aço que fará parte de uma máquina que produzirá doces que você comprará na loja hoje. O fazendeiro que planta café não tem ideia de que seus grãos servirão de combustível para trabalhadores num país distante que fazem um tipo especial de doce que você está querendo comprar. Da mesma maneira, o dono da loja não precisa saber nada sobre nenhuma das coisas que precisam acontecer antes que haja doces disponíveis para serem ofertados aos seus clientes.

O ponto aqui é que o processo, por mais elaborado e complexo que seja para a produção de qualquer coisa que esteja disponível na loja, não depende do comando de ninguém em particular. O processo como um todo não é coordenado para produzir bens específicos. Ninguém fez um diagrama de fluxo ou um projeto de produção especificando tudo que deveria acontecer e em que ordem. Ninguém estimou quanta rocha precisaria ser quebrada para produzir o minério de ferro que no final das contas foi usado para produzir os doces. O que guia o processo não é a criação dos bens, mas a criação de *valor* para você como consumidor.

Na economia, os negócios competem entre si para gerar a maior quantidade de valor possível através da produção e oferta de bens. Geralmente pensamos sobre competição como se várias empresas estivessem produzindo as mesmas coisas, ou coisas muito similares: produtores de doces competem entre si, por exemplo. Mas esta é uma observação muito restrita. Produtores de doces competem indiretamente pelo aço que é usado em suas máquinas, o que significa que eles competem com todos os outros produtores que usam aço. O mesmo pode ser dito do açúcar. E dos trabalhadores. E do café que os trabalhadores bebem, talvez eles até usem açúcar no café. Mas por que parte do aço vai para as máquinas que produzem doce? A resposta será discutida em detalhes no *Capítulo 5*. Por agora é suficiente perceber que todos os negócios estão envolvidos, direta ou indiretamente, na produção de bens que têm por objetivo serem usados por consumidores. Toda produção tem este objetivo, e não importa se os produtores de aço, por exemplo, conheçam exatamente onde o aço que eles produzem será usado. Eles não sabem e não precisam saber. É o valor que os consumidores percebem naquilo que foi produzido que determina quanto eles estão dispostos a pagar. O pagamento esperado é o que justificará os investimentos no negócio e as despesas incorridas pelo produtor na economia. Por consequência, o que coordena indiretamente as ações de todos os negócios – e como eles agem especificamente – é a expectativa que eles têm de contribuir para fornecer aos consumidores os bens que estes últimos valorizam.

INOVAÇÃO CONTÍNUA

É importante notar que a competição vai além dos negócios e da produção que vemos. Sim, os negócios competem. Como vimos, eles competem tanto direta quanto indiretamente ao tentar comprar os mesmos *inputs* e vender para os mesmos consumidores. Porém esta é uma visão bastante limitada da competição, que deixa de lado o que é importante no longo prazo. Os negócios competem não somente com outros negócios que já existem, mas também com negócios que ainda não existem. E os negócios que existem são resultado da competição que ocorreu no passado.

Se esta afirmação parece estranha, é porque estamos acostumados a olhar para a economia como um estado – uma fotografia – e não como um processo. Os negócios que existem hoje são os que sobreviveram ao processo competitivo que já aconteceu. Por eles serem melhores de alguma maneira – mais produtivos, ofereciam produtos de maior qualidade, etc. – é que eles *continuam no mercado*. E eles irão continuar no mercado no futuro somente se continuarem a ser melhores que os competidores. Eles precisam ser melhores não apenas do que os negócios que existem hoje, mas também do que os negócios que ainda não foram criados, ou que ainda estão em desenvolvimento, ou que estão melhorando seus produtos. Isso inclui os negócios que produzem bens que ainda nem mesmo existem e que, às vezes, ainda não foram nem imaginados, mas que poderão proporcionar aos consumidores maior valor que os bens aos quais estes mesmos consumidores têm acesso no presente.

A inovação em produtos novos, novas técnicas de produção, novos materiais, novas maneiras de organizar a produção dentre outras modifica fundamentalmente como a economia produz bens e quais bens são produzidos. Quando cavalos e charretes eram o transporte padrão, certamente havia competição entre estábulos e negócios de transporte, da mesma maneira que havia competição entre os produtores de charretes. Mas se olharmos somente para os negócios nestas duas indústrias não poderíamos explicar como eles foram substituídos pelos negócios que nos trouxeram à era dos automóveis. Hoje pouquíssimos negócios conseguem ser lucrativos produzindo charretes. A razão para isso é que, comparativamente, os automóveis entregam maior valor aos consumidores.

Visto da perspectiva dos consumidores, charretes tinham valor *até que surgiram automóveis baratos o suficiente*. Os automóveis entregam mais valor, e por isso a criação deles teve grande impacto na lucratividade e, por fim, acabou por destruir o negócio de transporte baseado em cavalos e charretes. Por vezes este processo é denominado "destruição criativa", e é o cerne do desenvolvimento econômico: produções mais antigas e que geram menos valor dão lugar a processos produtivos novos e capazes de gerar mais valor.

Ao reconhecermos que a destruição criativa é um processo real e que pressiona constantemente os negócios para que eles inovem e se reinventem para que não sejam substituídos por outros negócios, percebemos que é impossível entender a economia como qualquer coisa que não seja um processo. As economias se desenvolvem o tempo todo, elas se reinventam. A competição não é somente a rivalidade entre dois ou mais negócios produzindo e vendendo coisas similares, competição é a pressão constante para servir os consumidores melhor – tanto no presente, quanto no futuro. A história está cheia de negócios de sucesso e influentes, muitos dos quais considerados grandes demais ou "poderosos" demais para que qualquer outra empresa pudesse competir. A maioria deles já não existe há muito tempo, e boa parte foi simplesmente esquecida pois outros compreenderam como produzir mais valor para os consumidores.

INCERTEZA CONTÍNUA

Embora a economia – em especial a economia de mercado – seja mais bem compreendida como um processo, seria errado pensar na economia em si mesma como um processo produtivo. Falamos brevemente sobre isso, mas é importante reiterar e elaborar um pouco mais sobre o tema. Uma economia inclui processos produtivos, mas tais processos são selecionados: eles são aqueles que sobreviveram à constante eliminação dos processos que eram menos capazes de gerar valor. Muitos dos processos produtivos que sobreviveram até hoje serão eliminados no futuro pela tentativa de criar novidades e pelo surgimento de processos mais capazes de gerar valor para o consumidor.

Um processo produtivo consiste nas operações que geram *outputs* específicos baseados em *inputs* específicos. Estes processos são em geral, mas não necessariamente, desenhados e organizados. Podemos pensar sobre eles de maneira similar ao que acontece numa fábrica. As operações específicas que acontecem numa fábrica podem mudar de tempos em tempos, assim como as pessoas e equipamentos usados para realizar esses processos. A maioria das partes são, de uma maneira ou de outra, substituíveis. Às vezes a própria fábrica passa por um processo de modificação para ser usada para outro fim, mas o que a fábrica faz é o mesmo: ela transforma *inputs* em *outputs*. A fábrica não produz quaisquer *outputs* – ela não é uma máquina mágica. Uma fábrica produz bens claramente definidos, usando um processo de produção baseado em engenharia, que requer matérias-primas específicas em quantidades precisas.

Nada disso se aplica a economia como um processo! Os *outputs* de uma economia são o valor em forma de bens de consumo, mas os bens em si mudam com o passar do tempo – e o mesmo ocorre com o valor dado a eles. O processo de uma economia não é sua produção em si – os processos de produção e seus respectivos produtos – mas é a seleção contínua das produções que entregam maior valor para os consumidores. Da mesma maneira que os computadores substituíram as máquinas de escrever e revolucionaram o trabalho de escritório e os automóveis substituíram o cavalo e a charrete pois proporcionam aos consumidores maior valor no transporte, a maioria dos produtos que consumimos hoje e seus processos produtivos serão, mais cedo ou mais tarde, substituídos por outros melhores e de maior valor.

É impossível prever quais produtos serão tentados e muito menos quais terão sucesso. Produzir, em outras palavras, é sempre algo incerto. Produção requer algum investimento antes que o valor do produto resultante possa ser conhecido. Este valor, no fim das contas, é uma experiência dos consumidores quando usam os bens, e a expectativa desse valor determina qual preço os consumidores estão dispostos a pagar pelos mesmos bens. Mas não é suficiente que os bens satisfaçam desejos – eles precisam satisfazer tais desejos, do ponto de vista dos consumidores, num grau maior do que eles esperam conseguir consumindo outros produtos que também estão disponíveis. É somente quando isso ocorre que o consumidor irá comprar o produto.

A quantidade e a variedade de bens disponíveis dependem da imaginação dos empreendedores e investidores. Em outras palavras, o empreendedor, que imagina, visualiza, e objetiva criar bens de valor, guia a evolução da produção na economia. O consumidor, portanto, é, depois que o produto está pronto, aquele que julga qual produção empreendedora tem valor suficiente para ser comprada – e a qual preço. O consumidor, em outras palavras, é soberano e, por meio das decisões de comprar e não comprar, determina quais empreendedores lucram e quais ficarão no prejuízo.

CAPÍTULO 5

PRODUÇÃO E EMPREENDEDORISMO

Por qual motivo produzimos? Pela simples razão de que a natureza não satisfaz automaticamente todas as nossas necessidades e desejos. Animais selvagens, grãos e frutas silvestres não são suficientes para sustentar a população mundial. Computadores, aviões e hospitais não nascem em árvores.

Em outras palavras, os meios disponíveis para os seres humanos são escassos. Temos mais usos possíveis para as coisas do que temos disponibilidade destas mesmas coisas, nós precisamos economizar. Isto é, precisamos fazer escolhas e considerar *tradeoffs*. Portanto, faz sentido tomar cuidado com a maneira pela qual os recursos são usados de maneira que não os desperdicemos ou os usemos para fins errados.

Existem duas estratégias importantes para lidar com a escassez. Primeiro, há o racionamento. Isto significa que precisamos limitar o uso dos recursos para que eles durem mais. Esta é uma estratégia comum e apropriada para ser usada quando estamos tratando de recursos finitos. Por exemplo, alguém com água e comida limitadas – e sem esperança de conseguir mais água e comida em breve – será beneficiado pela autorrestrição de comida e bebida como forma de ficar vivo por mais tempo. Porém, tal estratégia, embora intuitiva, é tipicamente imprópria para a sociedade como um todo, e especialmente, é imprópria para mercados.

Uma estratégia melhor para lidar com a escassez é a produção, que economiza *valor*. Dito de maneira simples, a produção nos permite satisfazer mais desejos com os recursos disponíveis – produção gera mais retorno sobre o que foi investido, ao invés de simplesmente distribuir aquilo que já existe.

PRODUÇÃO PARA SUPERAR A ESCASSEZ

A produção alivia o problema da escassez ao criar meios melhores. A produção cria mais valor ao modificar, manipular e melhorar o que a natureza oferece. Por produzirmos, podemos satisfazer uma quantidade muito maior de desejos – e desejos mais elevados nas nossas escalas de valor pessoal – do que seria possível sem a existência da produção.

Quanto melhores nos tornamos em produzir, mais nos tornamos capazes de disponibilizar meios melhores e mais apropriados. Quanto "maior" uma economia é, mais produtiva ela é, isso significa que ela é satisfaz melhor os desejos dos consumidores. Ela cria mais valor[3].

---

3. É importante notar que não se trata de criar coisas, mas de *satisfazer desejos*. Uma economia que produz mais bens não necessariamente produz mais valor que uma economia que produz menos bens. A economia que produz mais bens pode simplesmente desperdiçar mais. O que realmente importa é o valor dos bens produzidos, não seu número ou tamanho – e certamente não a quantidade de recursos usados para produzi-los. Produção é o processo de criar valor; produtividade é a medida de valor produzido por unidade de *input*.

Muitos consideram que o pão seja um meio de satisfazer a fome. Se gostamos ou não de pão, a maioria das pessoas vai achar comer pão um ato mais satisfatório do que mastigar trigo cru com fermento e empurrar tudo goela abaixo com água. Portanto, nós misturamos trigo processado e fermento para produzir pão: o valor adicional do pão justifica sua produção. O valor aumenta mesmo que isso signifique que estejamos usando mais recursos – o forno, a eletricidade, o trabalho do padeiro – e que precisemos esperar que a massa cresça para depois enformá-la.

É fácil pular etapas e concluir que o pão tem mais valor que seus ingredientes porque mais recursos foram usados na sua produção. Isto é falso. O que ocorre é precisamente o contrário: nós escolhemos investir os recursos – ingredientes, força de trabalho, tempo – porque temos a expectativa que o pão nos dê maior satisfação do que as matérias-primas cruas. Ao dedicar recursos para fazer o pão, incluindo adquirir o conhecimento necessário para produzi-lo, a capacidade da economia de produzir valor aumenta. O investimento faz com que nossa vida melhore não apenas por agora termos pão para comer, mas por termos adquirido a capacidade de produzir pão. Pelo tempo que o pão tiver valor, e desde que a habilidade de produzi-lo seja mantida, este investimento criará mais valor.

É o valor esperado do pão que faz com que o investimento valha a pena. Se fosse o caso de que algo vale mais simplesmente por usarmos mais recursos em sua produção, então não estaríamos de fato economizando. Para que usar menos recursos se usar mais faz com que o bem seja mais valioso? Faria sentido então usar mais recursos pois isso aumentaria o nosso bem-estar. Isto, é claro, não faz o menor sentido. Economizamos simplesmente porque usar mais recursos que o necessário é um desperdício. Somos capazes de produzir *outputs* de maior valor usando aqueles *inputs* se evitarmos desperdiçá-los. Porém, a quantidade de recursos usados e o valor que eles geram para o consumidor geralmente estão correlacionados – eles parecem andar em paralelo, pelo menos quando analisados depois do fato. A razão pela qual isso ocorre é que o valor esperado justifica os custos. Dito de outra maneira, se queremos produzir algo que esperamos ser de grande valor, então vale a pena usar recursos nessa produção. Pelo contrário, se queremos produzir algo que terá um valor limitado, então não é possível justificar o uso de tantos recursos. Os custos são escolhidos com base no valor esperado daquilo que está sendo produzido. Isso significa que um produto premium ou de luxo não é mais caro por ser produzido usando materiais caros e raros – tais produtos foram produzidos usando estes materiais porque o bem será comprado por um valor maior. O valor determina o custo, não o contrário.

Este raciocínio parece estar invertido, mas vamos ilustrar novamente com o pão. O pão é um bem de consumo, então é fácil entender o seu valor: pães satisfazem diretamente um desejo – o pão nos leva para uma posição de maior satisfação pois ele mata nossa fome e tem um gosto bom. As pessoas podem dar valor ao pão de maneira diferente, mas todos valorizam pães, pois os pães dão às pessoas alguma satisfação pessoal. Mas o que dizer das coisas que precisamos para produzir pão? O trigo, o fermento, a água, o forno e a eletricidade não são diretamente consumidos, são somente meios usados para produzir o produto final. Eles indiretamente satisfazem os consumidores ao tornarem a produção de pão possível. Tais recursos tem valor por contribuírem para a produção de pão. É fácil perceber isso se adicionarmos recursos que não contribuem para a experiência do consumidor. Imagine o que ocorreria se o padeiro comprasse um motor de carro e colocasse esse motor na padaria. Este será um custo para a padaria. Mas será que este custo adicionará valor ao pão? A resposta é: de maneira nenhuma. O motor não aumenta o valor do pão para os consumidores. Os consumidores não dão maior valor ao pão por conta da existência do motor e não estarão dispostos a pagar mais pelo pão apenas pelo fato de o padeiro ter comprado um motor de carro. Algo similar ocorre com os tipos diferentes de trigo ou de fornos, que, pelo contrário, contribuem com o resultado do processo produtivo. Os consumidores dão valor ao resultado, não aquilo que foi usado para produzir o resultado. Se os consumidores atribuem igual valor ao pão de trigo e ao pão de centeio, então não importa qual farinha o padeiro usa – neste caso, a farinha mais barata seria a escolha mais econômica.

 É fácil perceber isso se considerarmos o caso oposto. Imagine que há um padeiro e que as pessoas gostam do pão que ele faz. Assim, o pão tem valor, e também a padaria e os ingredientes que o padeiro usa para fazer o pão. Agora imagine que todo mundo, de uma hora para outra, simplesmente para de querer consumir pão, e assim o padeiro não consegue mais vender. Qual é o valor dos pães nesta nova situação? Zero. Qual o valor do forno que o padeiro usava para produzir os pães? O valor também cai, talvez até mesmo para zero.

 É importante dizer "talvez até mesmo para zero" pois isso depende de eventuais outros usos que podem ser encontrados para fornos de pão. Se o seu uso é exclusivo para fazer pão, então não há mais valor de uso para o forno. Por qual motivo alguém iria querer um forno de pão se ninguém mais consome pão? Ninguém iria querer tal forno, o forno se torna inútil e, portanto, sem valor. Mas ele ainda pode ter valor como sucata caso seus materiais (aço, vidro e outros) possam ser reciclados e usados para outros propósitos. O valor do forno então seria reduzido ao seu valor como sucata, pois este é agora o seu maior valor.

Esta lógica não se aplica apenas aos materiais do forno. Se o forno puder ser usado para algo além de assar pão, então é possível que ele tenha um valor maior do que simplesmente sucata. Mas o valor ainda assim cairia. Por qual motivo? Porque o forno era usado na produção de pão e não em outro uso, e isto se dava pelo fato de que o uso na produção de pão era o uso mais valioso. De fato, o padeiro comprou ou construiu o forno porque o forno contribuía para criar valor. Economizar significa que escolhemos o uso de maior valor porque obtemos mais valor do uso dos recursos. Mas tal valoração muda com o tempo. Se fazer pão não é mais um uso no qual percebemos valor, o valor do forno cai. O valor do forno não pode ser maior que o seu próximo maior valor na produção de outra coisa que tem valor. Se alguém imagina um uso melhor para os fornos do que fazer pães, então os fornos passarão a ter mais valor para a pessoa que imaginou o novo processo produtivo do que para o padeiro. Se isso ocorresse, esperaríamos que a pessoa que imaginou este novo uso, dadas que as outras condições permanecessem constantes, comprasse o forno do padeiro a um preço que é maior do que o valor que o padeiro dá ao forno.

Este simples exemplo demonstra que os tais meios de produção não têm valor por si mesmos, mas somente enquanto contribuem para a produção de um bem de consumo que tenha valor. Todo e qualquer recurso produtivo tem valor apenas por contribuir para criar bens que os consumidores desejam. Isto permanece verdadeiro para algo tão distante do consumidor quanto um navio petroleiro. O valor do navio não advém dos recursos usados para produzi-lo, mas de como ele é usado e de como ele contribui para a produção de bens que os consumidores valorizam. E, é claro, recursos são usados para produzir o navio petroleiro pois espera-se que ele contribuirá para a produção de bens que os consumidores valorizam. O valor esperado dos produtos que o navio ajuda a produzir justifica os custos de produção do próprio navio.

CAPITAL E PRODUÇÃO

Esforços produtivos são feitos para criar bens de consumo, bens que satisfazem desejos diretamente, mas nem toda produção é produção de bens de consumo. O forno usado para assar o pão é um exemplo, assim como a produção de farinha de trigo, fermento e a própria padaria. O forno foi construído para dar suporte à produção de pão. Em outras palavras, o forno facilita (ou ao menos foi pensado para facilitar) a produção de pão, e, portanto, aumentar a produtividade do processo produtivo.

Estes "meios de produção" que satisfazem desejos dos consumidores apenas de maneira indireta são chamados *capital* ou *bens de capital*. Um consumidor que compra pão não se importa se o padeiro tem um forno. Os consumidores, em geral, somente estão preocupados com o bem de consumo e com o quão bem tais estes bens de consumo são capazes de satisfazer seus desejos – consumidores não se importam com quanto capital é usado no processo de produzir os bens de consumo.

Mas enquanto os consumidores não se importam, o padeiro certamente se importa. Com o forno, mais pão pode ser produzido com menos trabalho. O efeito de usar capital é mais *output* por unidade de *input*, tipicamente e especialmente unidades de trabalho, o que significa que mais desejos podem ser satisfeitos usando a mesma quantidade de recursos. Para o padeiro, isso significa que mais pão pode ser assado a um custo mais baixo por unidade. O propósito de todo capital e o motivo pelo qual o capital é usado e criado é que os bens de capital aumentam a produtividade. Conseguimos resultados de maior valor considerando os mesmos investimentos feitos para colocar o processo produtivo de pé.

Produtividade não é apenas uma questão de quanto de algo pode ser produzido, mas também do que pode ser produzido. De fato, *produtividade econômica* não é uma medida tecnológica de unidades de *output* – é uma medida de *valor*. O capital faz com que a produção de certos tipos de bens seja possível. Este fato é comumente esquecido, mas esta é uma função importantíssima deste tipo de bem.

Voltemos ao padeiro. Imagine que fornos não existem, mas que seja possível assar pães ázimos simplesmente colocando a massa numa pedra lisa perto de uma fogueira. Esse padeiro passa o dia assando esses pães dessa maneira. Esta é uma atividade útil porque estes pães satisfazem as necessidades dos consumidores melhor que os ingredientes de forma separada. E porque existe uma quantidade suficiente de consumidores que prefere tais pães a outros tipos de pães que não necessitam de fornos. Dito de outra forma, cozinhar pães ázimos é um uso produtivo do trabalho do padeiro, da farinha de trigo, da pedra e do fogo.

Mas um forno permitiria ao padeiro fazer outros tipos de pães, que nós (e o padeiro) esperamos que tenham maior valor para os consumidores. Suponha que um forno simples possa ser feito simplesmente ao organizar algumas pedras lisas sobre o fogo. Investir em coletar tais pedras e organizá-las de maneira a construir tal forno aumentará o valor dos esforços do padeiro. As pedras formam um forno pouco sofisticado, mas agora o padeiro pode produzir outros tipos de pão que os consumidores deverão valorizar mais que os pães ázimos.

As pedras organizadas desta maneira constituem um bem de capital: um forno. Ao usar seu tempo e esforço para organizar as pedras sobre o fogo, o padeiro criou capital novo, e tal capital promete aumentar o valor para consumidores daquilo que o padeiro produz. Se as coisas funcionarem como planejadas, o resultado será um aumento no valor daquilo que será produzido.

É comum pensarmos em bens de capital como coisas duráveis. É verdade que pedras geralmente duram muito tempo, mas não significa que o forno irá ser tão duradouro. De fato, o uso fará com que o forno de pedra se deteriore e, eventualmente não seja mais útil. Para que o forno permaneça útil, investimentos contínuos precisam ser feitos na sua manutenção, por exemplo, será necessário substituir pedras quebradas. Se isso não for feito, a utilidade deste capital vai cair com o passar do tempo e, eventualmente, ele vai perder todo o valor a ponto de se tornar inútil. Dizemos que consumimos capital sempre que o usamos. Tal ideia se aplica a todo capital, mas em velocidades diferentes, alguns bens de capital são mais duradouros e resistem por mais tempo e podem requerer menos manutenção

Além de manter o forno, outros investimentos de suporte – por exemplo, manter o fogo aceso e moer o trigo para conseguir a farinha – também precisam ocorrer para que o capital permaneça útil. A estrutura de capital como um todo requer investimento contínuo. De fato, o forno é inútil se os outros bens de capital usados para produzir pão não forem mantidos em funcionamento. Todo bem de capital se deteriora com o uso e com o tempo. Em outras palavras, capital é adicionado para aumentar a produtividades, mas ao mesmo tempo, o capital é *usado* enquanto produz bens de consumo. É necessário reinvestimento constante para manter o a utilidade do capital e seu valor.

O forno feito de pedras, claro, não é tão eficaz como os fornos modernos. Mas pode ser o melhor que o padeiro pode fazer naquele momento. Para produzir um forno que dure mais e seja mais eficiente, o padeiro precisaria de acesso a aço e outras ferramentas avançadas que podem nem mesmo existir ainda. Ainda que o padeiro descobrisse como este forno moderno poderia funcionar, talvez não valesse a pena o esforço e tempo para descobrir como transformar pedra em ferro, ferro em aço, e depois fazer um forno com o resultado destes esforços. Afinal de contas, nosso personagem é padeiro. Mas outra pessoa poderia fazer essas coisas. E, de fato, outras pessoas fizeram, pois hoje existem fornos de aço modernos e altamente efetivos.

Fornos modernos são resultado de séculos de investimentos em capital novo e melhorado, designs refinados, materiais melhores e tecnologias de produção mais efetivas. Nos valemos desta longa e complexa história e tomamos seus resultados como dados perenes da realidade. Mas foi este complexo processo histórico de produção que nos trouxe aos equipamentos modernos que vemos à venda nos varejistas próximos das nossas casas. O mesmo raciocínio é válido para tudo que podemos comprar: todos os bens disponíveis para consumo são partes da natureza que foram refinadas e criadas com um objetivo único – proporcionar a nós, consumidores, a satisfação de um desejo.

Todos os esforços que criam materiais, ferramentas, máquinas, etc., são investimentos em capital que melhoram a produção e nos permitem satisfazer mais desejos e uma maior variedade de desejos de maneira mais efetiva. Junto, todo esse capital é organizado numa estrutura produtiva que está espalhada por toda a economia. Tal estrutura efetivamente nos permite criar uma multitude de bens diferentes que satisfazem desejos dos consumidores.

Estrutura de capital é o nome que damos à quantidade de capital usado em combinações diferentes (por exemplo o forno feito de pedras e fogo). Esta estrutura é que permite à sociedade produzir bens e serviços distintos. Esta estrutura, assim como tudo que ela compreende, foi criada. A produção de capital novo aumenta a estrutura ao adicionar capacidades produtivas ou melhorar as previamente existentes; investimentos em manutenção destas capacidades permitem que o capital que já existe seja usado por mais tempo; e desinvestimentos e realocações de capital reposicionam o capital para a produção de outros bens, refinando, ajustando e modificando a estrutura e, portanto, a capacidade produtiva da economia. Tais ações que trazem consigo mudança contínua para a estrutura de capital, são executadas por empreendedores.

O PAPEL DO EMPREENDEDOR

O negócio dos empreendedores é criar o nosso futuro. Eles fazem isso criando novos produtos ou refinando e melhorando o processo produtivo. Nos dois casos eles modificam a estrutura de capital por mudar como o capital já existente é usado ou por criarem capital novo. O objetivo em qualquer dos casos é criar mais valor para o consumidor. Se eles tiverem sucesso, serão pagos com *lucro*.

Mas *tempo* e *risco* são importantes neste processo.

Como o padeiro, que criou um forno simples usando pedras e, portanto, foi capaz de ofertar aos consumidores novos tipos de pão, os empreendedores imaginam o futuro e apostam que eles serão mais capazes de satisfazer seus consumidores do que os atuais empreendedores. Isto significa que eles fazem investimentos para mudar as coisas, buscando criar mais valor ao melhorar a produtividade. Eles produzem bens por acreditarem que tais bens servirão melhor aos consumidores e, portanto, terão grande demanda. Quando estes investimentos têm sucesso, os consumidores obtêm mais valor por um custo menor, e os empreendedores se apropriam de parte deste valor na forma de lucro. Quando o investimento falha, o que significa que os consumidores não aprovaram a oferta feita pelo empreendedor, o investimento perde valor e pode, até mesmo, perder todo o seu valor.

O maior problema que os empreendedores enfrentam é que o valor do esforço feito para produzir não é sabido até que a produção esteja completa. Somente quando o produto final é vendido é que o empreendedor sabe se o investimento valeu a pena – e é então que o empreendedor descobre se os consumidores desejam o que foi produzido. Por outro lado, os custos são conhecidos e são executados muito antes de o bem-estar pronto para ser vendido. Perceba que estes custos não são apenas os *inputs* que acabam por criar o *output*, como farinha de trigo, fermento e água que são transformados em pão, mas também todas as necessidades de capital: o forno, o padeiro, etc. Mesmo nos casos em que o empreendedor recebe ordens do consumidor e é pago antes de produzir, alguns custos existem como parte do produto que ainda não foi produzido. Estes incluem o custo de organizar o negócio em si, o custo de experimentar com o capital, o custo de descobrir como fazer um forno, o custo de desenvolver uma receita ou um esquema sobre como produzir o bem. É necessário fazer investimentos para produzir, e somente depois destes investimentos é que os produtos poderão então ser vendidos.

Esse problema é comumente conhecido como o *enfrentamento da incerteza*. Empreendedorismo é a função econômica que enfrenta a incerteza de criar bens futuros: é a produção sem a certeza de que haverá criação de valor ou se haverá lucro ou prejuízo ao final da jornada. É o potencial de lucro que justifica o envolvimento em produzir, que justifica o enfrentamento da incerteza. É a possibilidade de ter prejuízo que freia tais esforços e força o empreendedor a responder aos desejos dos consumidores. Empreendedores precisam ser responsivos, pois os consumidores são soberanos em suas escolhas de comprar ou usar bens, o que significa que somente os consumidores determinam o valor dos bens.

O enfrentamento da incerteza ocorre pois o valor de qualquer bem é desconhecido – *e não pode ser conhecido* – antes de o bem ser usado; os empreendedores investem em produção com base no que eles imaginam que os consumidores irão dar valor. O padeiro criou aquele forno pois ele acreditava que os novos tipos de pão serviriam melhor aos consumidores. O maior valor esperado pelos consumidores justificou o custo de desenvolver e construir o forno. Ao fazer isso, o padeiro mudou o que pode ser produzido e o que efetivamente é produzido na economia. De fato, as ações dos empreendedores direcionam a produção como um todo ao refinarem e ajustarem a estrutura de capital da economia. Ao estabelecem capacidades de produção e determinarem quais bens podem ser e serão produzidos, os empreendedores *direcionam* o processo de mercado. Todos os bens produzidos e ofertados para nós, independentemente de serem um sucesso comercial e lucrativos ou não, são resultado de ação empreendedora – de empreendedores enfrentando a incerteza.

Porém, embora este seja o resultado e a implicação da ação empreendedora, o negócio dos empreendedores não consiste propriamente em ajustar a estrutura de capital para maior eficiência ou para o bem maior: os empreendedores investem em capacidades produtivas específicas em busca de lucros. Mas é muito difícil saber quais produtos ou serviços terão valor para os consumidores no futuro, o que significa que as ações empreendedoras são cheias de falhas. A tarefa dos empreendedores é de fato ainda mais difícil em mercados onde não basta produzir algo valioso, mas eles devem se superar em termos de valor. Os empreendedores competem para atender os consumidores da melhor maneira possível.

EMPREENDEDORES ERRAM

O futuro é muito difícil de prever, mas é exatamente isso o que os empreendedores tentam fazer: eles investem para criar o futuro esperando que os consumidores deem valor àquilo que eles estão produzindo. E eles fazem tudo isso enquanto competem com as visões de outros empreendedores. Portanto, a altíssima quantidade de fracassos em tentativas de empreender não deveria ser surpresa para ninguém.

Isto pode parecer ineficiente ou um desperdício, mas não é. Isto seria ineficiente *caso os valores dos consumidores fossem previamente conhecidos*. Com tal conhecimento do futuro, a produção seria facilmente organizada em busca da eficiência. Porém a função empreendedora resolve outro problema. O valor está na mente do consumidor – o valor não é conhecido antes, os consumidores têm a experiência de valor quando usam um bem que satisfaz um desejo. Frequentemente, nem mesmo os próprios consumidores sabem como melhor satisfazer seus desejos. Assim, os empreendedores imaginam um bem que eles acreditam, com base na sua própria engenhosidade, experiência e compreensão, que servirá aos consumidores. Para fornecer mais valor que os bens já disponíveis, e, portanto, para terem chance de lucrar, os empreendedores precisam estar um passo à frente dos consumidores e apresentar a eles uma solução de valor que estes mesmos consumidores podem ainda não ter considerado. Alguns atribuem a Henry Ford a frase "Se eu perguntasse às pessoas o que elas queriam, elas teriam me respondido: 'cavalos mais rápidos'"[4]. De fato, a maioria das pessoas provavelmente queria cavalos mais rápidos, mas Ford imaginou que charretes sem cavalos ofereceriam maior valor para os consumidores – e ele foi capaz de ofertar automóveis a preços que os consumidores estavam dispostos a pagar.

O fato é que os consumidores, quer digam ou não quais produtos querem, sempre escolhem entre os bens que são ofertados. É neste momento que o consumidor exerce sua soberania: os empreendedores não podem forçar os consumidores a comprarem nada, eles podem apenas produzir bens que os consumidores valorizam, e, portanto, escolhem.

O cálculo para o consumidor é simples, mas é difícil para o empreendedor prever e encontrar a solução que lhe trará lucros. Primeiro, o bem tem que oferecer valor por satisfazer algum desejo do consumidor. Se aquilo que o empreendedor oferta não tem valor, então aquilo não é, em termos econômicos, um bem.

Segundo, o bem precisa oferecer maneiras melhores, mais valiosas, de satisfazer a necessidade quando comparado a outros bens que satisfazem a mesma necessidade. Se isso não ocorre, o bem em questão não é efetivo e é, portanto, de menor valor para satisfazer a necessidade. Por consequência, o empreendedor deve ofertar este bem a um preço mais baixo para fazer com que a compra valha a pena para o consumidor.

---

4. Essa frase é bastante repetida e carrega um ponto fundamental sobre o empreendedorismo e produção, mas não há evidências que provem que Ford realmente disse isso.

Terceiro, o bem precisa ofertar valor superior ao valor entregue pelos bens que prometem satisfazer *outros* desejos. Os empreendedores competem pelo dinheiro dos consumidores.

Quarto, o bem deve oferecer valor suficiente para o consumidor comprar agora ao invés de escolher guardar dinheiro para comprar outra coisa no futuro

O empreendedor deve entregar valor que satisfaça *todas* essas camadas de valoração do consumidor.

Não é necessário dizer que os empreendedores tentam fazer algo muito difícil.

E eles o fazem por acreditar que irão lucrar de alguma maneira no final. Mas independentemente da existência ou não de lucro, as tentativas de criar valor prestam um serviço essencial para outros empreendedores e para a economia como um todo (vamos discutir cálculo econômico no *Capítulo 7*). Ao competirem com base em seu conhecimento e imaginação – em como eles esperam melhor servir aos consumidores – os empreendedores criam conhecimento para a economia como um todo. As descobertas dos empreendedores sobre o que os consumidores valorizam, que são identificadas pelos lucros, guiam os esforços de novos empreendedores. Algo similar ocorre quando ocorrem prejuízos, que sugerem para os outros empreendedores que eles deveriam tentar algo diferente. Por consequência, toda tentativa de exercer a função empreendedora pode usar o conhecimento e as experiências de empreendedores que vieram antes. Isto faz com que a produção de valor no sistema empreendedor seja cumulativa: os sucessos são aumentados e transformados em pontos de apoio para futura produção; os erros são expelidos.

Porém, seria errado depreciar empreendedores que não dão certo. Embora não tenham tido sucesso e tenham sofrido prejuízo, ao mostrar para o mercado o que não funciona eles prestaram um serviço de muito valor. Tal informação é relevante para outros empreendedores. Quando empreendedores falham, os recursos, o capital que foi investido por eles se torna disponível para ser usado por outros empreendedores, que podem, então, aumentar sua produção ou tentar algo novo.

Em suma, empreendedores *servem aos consumidores ao criar o nosso futuro*. Eles o fazem tentando novas ideias, bens, e com base no valor esperado, pagando salários aos trabalhadores e desenvolvendo capital. Quando empreendedores erram nas suas escolhas, eles sofrem individualmente os prejuízos destes investimentos. Essa perda é o total dos investimentos que eles fizeram em produção: salários pagos aos empregados e preços pagos aos fornecedores pelo capital que foi usado na produção que fracassou.

CAPÍTULO 6

VALOR, DINHEIRO E PREÇO

Até o momento, nossa discussão sobre economia tem sido exclusivamente baseada na perspectiva de *valor*. Valor é o fim de todas as nossas ações, é o valor que motiva nosso comportamento. Valor é pessoal — subjetivo —, e isso significa que valor deriva de satisfazer algum desejo. Se estamos com fome, consumimos comida; se estamos nos sentindo sozinhos, podemos visitar um amigo.

Valor é a remoção ou a solução de alguma inquietação (fome ou solidão, no parágrafo anterior), que nos leva a um estado melhor do que o atual. Nós somos capazes de comparar satisfações, por exemplo, podemos dizer que gostamos mais de laranjas do que de maçãs, e que gostamos mais de peras do que das outras duas frutas. Simples comparações de valor em termos de nossas satisfações pessoais não são um problema. Se estamos ao mesmo tempo com fome e com sede, é possível rapidamente decidir qual das duas inquietações queremos eliminar primeiro, ao considerar as diferentes urgências para cada uma destas necessidades. Mas embora possamos fazer comparações e determinar qual satisfação seria maior, não existem unidades de valor.

O PROBLEMA DE MEDIR VALOR

Não somos capazes de medir a quantidade de inquietação que conseguimos eliminar ao agir de determinada maneira. A satisfação que tal ação traz é um sentimento de experiência, que não tem unidades ou medidas exatas. Não é possível dizer que gostamos 2,5 vezes mais de laranjas do que gostamos de maçãs, e que gostamos 1,3 vezes mais de peras do que de laranjas.

Não conseguimos comparar as valorações subjetivas de diferentes indivíduos, pois as experiências de cada um são pessoais. Não faz sentido algum dizer que Alan gosta de peras 20% mais do que Bia. Talvez Alan diga que "gosta muito" de peras, enquanto Bia não se importa muito com tais frutas. Se eles, de fato, se sentem assim, então Bia pode até mesmo dar peras para Alan. Mas isto *não* é uma medida do quanto cada um deles valoriza peras, nem é uma comparação que usa alguma unidade universal de satisfação. Bia valoriza dar para Alan as peras, talvez os sentimentos dela por Alan sejam fortes e ela saiba que ele gosta de peras. Mas isso não nos diz nada sobre quanto Bia – ou Alan – valoriza manter para si ou dar para outro a pera.

A incapacidade de medir valor é problemática numa sociedade – em especial em economias avançadas com processos produtivos longos e especializados (os quais serão discutidos no *Capítulo 7*). Como podemos economizar recursos escassos para que obtenhamos o maior valor possível?

Para ilustrar, imagine uma pequena sociedade com 50 indivíduos, onde há água suficiente para solucionar a sede de 45 e comida suficiente para 30. Como é possível determinar quais dos 45 estão "com mais sede" e quais estão "com mais fome"[5]?

Esta sociedade poderia decidir usar a água e a comida para investir em produção, o que poderia permitir a eles criar mais valor. Se dez dessas pessoas pegam água e comida suficiente para durar por três dias, então eles podem sair e encontrar mais água e comida e trazer para aqueles que ficaram esperando. Seria este um investimento a ser feito? Eles deveriam mandar um grupo de dez ou dois de cinco para diferentes direções para buscar suprimentos? Quem eles deveriam escolher para buscar a água e a comida que eles acabaram de descobrir? Quais das pessoas que ficaram para trás deveriam ter acesso à água e a comida que não foi levada na jornada? Tais comparações requerem alguma medida de valor, mas pelo fato de o valor ser uma experiência pessoal, não existe tal medida. Não há solução para este problema econômico.

Mercados resolvem tal problema usando dinheiro e preços, que entregam valorações relativas socialmente objetivas (mais sobre isso adiante) e, portanto, permitem comparações e permitem economizar em termos de bens que tem valor. Se peras custam 1,3 vezes o preço das laranjas, é possível facilmente decidir como usar nossa capacidade de compra para obter a maior quantidade de satisfação possível: comprar peras, comprar laranjas, ou comprar alguma combinação das duas frutas. Nós podemos fazer tais comparações de maneira individual ou de forma colaborativa. Como veremos, dinheiro e preços são indispensáveis para uma economia. Não podemos funcionar sem eles.

---

5. Para ser formalmente corretos, deveríamos perguntar quem experimentaria a maior satisfação da bebida ou da comida (da remoção da insatisfação derivada da sede e da fome, respectivamente).

O USO DO DINHEIRO

Há uma tendência natural em tomar como líquida e certa a existência do dinheiro e dos preços. Eles estão tão universalmente presentes nas nossas vidas que a maioria das pessoas pensa em preços como uma medida de valor. As pessoas tendem até mesmo a pensar em valor em termos de dinheiro. Isto é um erro.

Dinheiro é *o meio de troca comumente usado* numa sociedade, e tem valor exatamente por exercer tal função. Damos valor ao dinheiro de maneira similar ao que fazemos com outros bens, por conta daquilo que o dinheiro pode fazer por nós. Mas não são as notas ou moedas que nos proporcionam valor, mas a expectativa de que poderemos usá-las para comprar o que queremos. Isso significa que dinheiro funciona porque reconhecemos que ele é capaz de exercer tal função, e por isso o aceitamos. Dinheiro tem *poder de compra*. É por acreditarmos que dinheiro pode comprar coisas que faz com que ele tenha valor. Caso acreditássemos que não poderíamos usar dinheiro para comprar bens – talvez acreditemos que outras pessoas não aceitarão o dinheiro – então também nós não iríamos aceitá-lo.

Isso significa que dinheiro é dinheiro porque as pessoas assim o percebem. Neste sentido, dinheiro é majoritariamente uma instituição social que se reforça a si mesma. Todos temos experiência em usar dinheiro e, portanto, temos alguma ideia do que significa que algo é dinheiro. Mas isto não explica o que é o dinheiro, porque dinheiro é dinheiro e como o dinheiro surgiu.

Considere o que te faria aceitar algo como dinheiro. Ou, para falar sobre algo real: o que faria com que uma sociedade que não use dinheiro passasse a aceitar algo como dinheiro.

Pelo fato de que o valor do dinheiro é equivalente àquilo que outras pessoas aceitarão em troca do dinheiro em si, nada que aspira a ser dinheiro um dia terá valor de dinheiro para começar. Somente depois de alguma coisa ser largamente adotada em trocas é que tal coisa poderá ser reconhecida como dinheiro – mas não antes.

Este fato leva muitos a afirmarem que o dinheiro deve ter sido imposto de cima para baixo por decreto para o uso em trocas. A ideia é que algum chefe de estado inventou o conceito de dinheiro e introduziu dinheiro para facilitar o comércio (ou, talvez, o pagamento de impostos). Mas esta "explicação" falha pois, a não ser que algo previamente já seja dinheiro, as pessoas não irão voluntariamente aceitá-lo nas trocas. Então aquele bem específico tem pouco ou nenhum valor antes de ser reconhecido pelas pessoas como dinheiro.

Decretos não criam dinheiro – eles criam somente uma obrigação, que é limitada pela capacidade do governo de fazer cumprir. Porém, é totalmente concebível que um governo possa, pouco a pouco, tomar e monopolizar um dinheiro previamente existente, o que já vimos acontecer. A maioria das moedas nacionais hoje são monopólios governamentais, mas não foi desta forma que o dinheiro foi inventado ou aceito como meio de troca – isto é somente o que o dinheiro se tornou. A *função econômica* do dinheiro não pode simplesmente ser criada de cima para baixo.

As pessoas escolhem trocar bens para seu próprio benefício, o que significa que trocas voluntárias são mutuamente benéficas. Os lados da transação, ao mesmo tempo, têm a expectativa de melhorar sua situação, do contrário eles prefeririam não trocar. Uma obrigação de aceitar algo para qual as pessoas não dão valor – por exemplo, uma moeda imposta que ainda não é aceita como dinheiro – reduziria a tendência das pessoas para trocar. Afinal de contas, se você fosse obrigado a aceitar pedras em "pagamento" por seus bens, então você provavelmente iria parar de colocar seus bens para vender. Ainda que eu te oferecesse uma quantidade enorme de pedras, você não as trocaria por sua casa ou carro. Por qual motivo trocar um bem de valor por algo que você não quer? Então mesmo que você fosse obrigado a pagar seus impostos em pedras, você limitaria o seu comércio por pedras ao volume necessário para conseguir cumprir a obrigação dos impostos – nada além disso. O mercado de troca de bens por pedras seria muito limitado.

Tais trocas ocorreriam por escolha somente se o pagamento oferecido fosse, de fato, dinheiro. Numa sociedade na qual não há dinheiro, as pessoas não somente perderiam a confiança no poder de compra do dinheiro – elas nem mesmo compreendem o conceito. Imagine oferecer um monte de dólares ou uma moeda de ouro para uma pessoa da Idade da Pedra, em troca de um machado ou da comida que ela possui.

O SURGIMENTO DO DINHEIRO

Dinheiro é um conceito econômico. Notas de dólar (ou real) não são, por si mesmas, dinheiro, mas dinheiro pode existir em forma de tais notas. Além disso, tais notas são dinheiro somente por serem aceitas e desde que começaram a ser aceitas como tal. Tal fato fica óbvio quando viajamos para outros países, pois o que é dinheiro num país pode não ser aceito como tal noutro. Não é possível usar a krona sueca para fazer pagamentos na Áustria ou nos Estados Unidos, embora todo mundo na Suécia aceite kronas como dinheiro.

Sabemos muito pouco sobre as origens históricas do dinheiro, mas o conceito é claro. O economista Carl Menger mostrou como uma economia baseada em escambo pode migrar para uma economia de dinheiro[6]. A explicação de Menger não necessita de nenhum planejador central ou decreto – o dinheiro surge, *emerge na economia*. Isto importa porque nos dá ideias sobre o significado e o papel do dinheiro como *conceito econômico*.

Numa economia de escambo, as pessoas trocam bens por bens. Essa economia sofre limitações óbvias, cada troca requer que as partes consigam algo que querem, na quantidade que querem, sem usar nenhum tipo de dinheiro. Em outras palavras, alguém que oferte ovos para venda e queira comprar manteiga precisa encontrar alguém que está vendendo manteiga e queira ovos em troca. Isso limita substancialmente o número de potenciais parceiros de troca.

Pelo fato de os bens serem diferentes em termos de durabilidade e tamanho, economias de escambo não conseguem se transformar em economias produtivas com divisão de trabalho. Considere, por exemplo, um construtor de barcos que quer vender um novo barco de velocidade que ele acabou de produzir. Ainda que ele quisesse ovos, dificilmente ele aceitaria milhares de ovos – eles iriam estragar e se tornariam inúteis num período muito curto. Portanto, o barqueiro precisaria encontrar alguém que estivesse oferecendo o conjunto exato de bens que ele gostaria de ter e estaria disposto a trocar pelo barco. As partes também precisam se acertar sobre as razões de troca. Quantos ovos compram o barco?

---

6. MENGER, Carl. "On the Origin of Money" (Trad. Caroline A. Foley). *Economic Journal* 2, nº 6 (jun. 1892), p. 239-255.

As pessoas trocam para atingir um estado de maior satisfação, ou seja, elas trocam por *valor*. Menger percebeu que as pessoas buscarão várias maneiras de resolver os limites do escambo. Caso o fazendeiro não queira aceitar os ovos que eu produzi em troca de manteiga, eu sei que ele aceitaria pão, então eu poderia negociar com o padeiro e trocar os ovos que produzi por pão – e, caso o padeiro aceite, eu poderia então trocar o pão que acabei de adquirir pela manteiga que eu queria inicialmente. Em outras palavras, eu troco ovos por pão não por desejar consumir o pão, mas por querer usá-lo para obter manteiga numa troca futura. A minha primeira troca facilita a segunda, da qual eu me beneficio diretamente.

Se eu quisesse frutas silvestres, por exemplo, teria que fazer um procedimento semelhante se a pessoa em posse das frutas não quisesse ovos, mas estivesse disposta a aceitar outra coisa. Eu venderia os ovos por outra coisa, para então trocar essa outra coisa pelas frutas silvestres. Embora os ovos funcionem em alguns casos, eles não funcionarão sempre. Mas digamos que alguns dos vendedores das coisas que eu desejo aceitem pão ao invés de ovos. Sabendo disso, eu poderia trocar ovos por pão simplesmente por acreditar que o pão vai ser mais útil quando eu for novamente comprar comida. Como Menger disse, eu vendo ovos para adquirir *um bem mais vendável*, apenas com o objetivo de usar este bem numa troca futura; para mim, este bem serve somente ao propósito indireto de facilitar trocas que, de fato, me interessam. Portanto, faz sentido para mim adquirir pão, ainda que eu não goste de pão – ou mesmo que eu seja alérgico a pão.

Quando as pessoas trocam seus produtos por bens mais vendáveis, tais bens passam a ser mais procurados *porque eles podem ser usados para comprar muitos outros produtos*. E quando mais pessoas percebem quão úteis estes bens são como facilitadores de trocas, mais pessoas vendem os seus produtos (os ovos que produzo, a manteiga do fazendeiro, etc.) por estes produtos mais vendáveis. Eventualmente, por conta das ações dos indivíduos, mas não pelo planejamento delas, um bem ou um pequeno conjunto de bens emerge como o meio de troca comum – dinheiros emergem. Eles têm valor principalmente como meios de troca, nem tanto por serem bens por si mesmos.

A IMPORTÂNCIA DO DINHEIRO

Numa economia monetária, usamos dinheiro para pagar por bens e podemos facilmente comparar preços, pois são expressos na mesma unidade – a moeda. Mas, como vimos, preços são, de fato, razões de troca. O dinheiro serve como um intermediário que facilita a troca e nos coloca acima das limitações de uma economia de escambo.

A existência de dinheiro separa a capacidade de comprar e vender dos bens que o indivíduo possui diretamente. O dinheiro faz com que os bens adquiram poder de compra universal. Em outras palavras, eu posso vender meus produtos e serviços para alguém, e depois usar o poder de compra adquirido na troca (em forma de dinheiro) para comprar bens e serviços que outras pessoas disponibilizam no mercado. Isso parece óbvio porque faz parte do nosso dia a dia. Mas as implicações são enormes.

Num sistema de escambo, ser empregado seria possível apenas quando o empregador pudesse oferecer bens específicos que o empregado aceitaria como pagamento. Imagine que seu empregador pagaria por seu trabalho não em dinheiro, mas em itens específicos: roupas, produtos de higiene, livros, viagens, móveis para casa, etc. É fácil perceber que encontrar um empregador que oferecesse o conjunto de itens mais desejável seria quase impossível. Isso significa que você provavelmente teria que aceitar um conjunto de itens que está longe do ideal para conseguir um emprego. Você poderia estar muito melhor se, ao invés de um conjunto de bens, recebesse em troca pelo trabalho o valor daqueles bens – o poder de compra (dinheiro) – e usasse o dinheiro para comprar os bens que você prefere.

Portanto, dinheiro é mais que uma conveniência – dinheiro é necessário para que trocas ocorram e para o desenvolvimento e a especialização dos processos produtivos que tomamos por certos na economia moderna. Produção em larga escala, cadeias de suprimentos e especialização são possíveis porque o dinheiro desvincula nossos esforços como compradores e vendedores. Por conta dessa desvinculação, também podemos nos especializar naquilo que fazemos bem, ao invés de produzir somente aquilo que nós mesmos queremos consumir. Por consequência, podemos focar nossos esforços produtivos naquilo em que fazemos a maior diferença – onde criamos mais valor *para a sociedade*. Sem dinheiro, não estaríamos nem perto de ser produtivos como somos hoje.

A desvinculação também significa que podemos usar o poder de compra que adquirimos – o que recebemos por participar em processos produtivos – naquilo que acreditamos ter maior valor. O dinheiro possibilita que possamos buscar satisfazer desejos que jamais seriam atingíveis numa economia de escambo. Por consequência, usar dinheiro não somente melhora substancialmente a produção, mas também nos permite consumir coisas de maior valor. Os efeitos na produção facilitam e melhoram as oportunidades de consumo. E quanto mais valor somos capazes de produzir, mais somos pagos em termos de poder de compra.

O fato de todos os atores numa economia de mercado serem capazes de buscar os bens que mais valorizam – e que podem produzir os bens para os quais outros dão maior valor – faz com que haja mais valor na economia como um todo. Estamos muito melhor no geral numa economia monetária do que numa economia de escambo.

PREÇOS EM DINHEIRO

O dinheiro faz com que os preços sejam fáceis de comparar. Ao invés de expressar preços como razões entre dois produtos diferentes – de maneira que cada bem é "precificado" em termos de todos os outros bens —, os preços são expressos em dinheiro.

Numa economia de escambo, quando eu compro pão com ovos para poder, então, ser capaz de comprar manteiga, este processo requer que as três partes envolvidas estabeleçam razões de troca. Pode ser que eu consiga trocar uma dúzia de ovos por três fatias de pão. Em tal transação, o preço de uma fatia de pão é quatro ovos e o preço de um ovo é um quarto de uma fatia de pão. Eu poderei então usar o pão para comprar um quilo de manteiga por duas fatias de pão, fazendo com que o preço em pães da manteiga seja duas fatias por quilo, e que o preço em manteiga do pão seja meio quilo de manteiga por fatia de pão.

Sendo parte nas duas transações, posso inferir que o preço de um quilo de manteiga é oito ovos. Essa é uma simplificação, pois o fazendeiro que produz manteiga não aceita ovos em suas trocas. O problema é que o preço de todos os bens dos quais estamos tratando é expresso como razão de outros bens. Se, por exemplo, o produtor de manteiga aceitasse também oito xícaras de frutas silvestres por um quilo de manteiga, então o preço de um quilo de manteiga seria ou duas fatias de pão ou oito xícaras de frutas silvestres. Tais razões (preço em *tipos de bens específicos*) poderiam ser estabelecidas para todas as combinações possíveis de bens em todas as trocas possíveis. Mas como poderíamos compará-las? Sem um denominador comum, estes preços tornam-se razões de trocas únicas e é difícil manter a compreensão dos preços.

Podemos assumir que o pão emerge como forma de dinheiro no exemplo acima. Isso significa que o pão, ao servir como meio de troca, torna-se uma parte de virtualmente qualquer transação. Em outras palavras, os preços de todos os bens podem ser expressos em termos de pães – pois todos esses bens são trocados por pães. Então eu venderia ovos por pães e usaria pães para comprar manteiga e frutas silvestres. Como o pão torna-se o denominador comum, eu posso facilmente comparar os preços e comprar o bem que melhor irá satisfazer minha necessidade. Mas como o pão agora é dinheiro, todos os vendedores de bens provavelmente aceitarão pães como pagamento, pois eles querem o poder de compra do pão, não o pão em si mesmo.

Se um quilo de manteiga custa duas fatias de pão, e uma fatia de pão compra duas xícaras de frutas silvestres, então fica fácil comparar preços. As três fatias de pão que recebi como pagamento pela minha dúzia de ovos podem comprar um quilo e meio de manteiga, ou seis xícaras de frutas silvestres, ou alguma outra combinação. Tudo que preciso fazer agora é determinar qual opção tem maior valor para mim. E posso facilmente calcular como obter mais valor para cada fatia de pão.

Nessa economia de dinheiro, todos os bens são precificados em termos de pão, e pão é precificado em termos de todos os bens. Como pão é o meio de troca, podemos dizer que o poder de compra de (uma fatia de) pão é meio quilo de manteiga, duas xícaras de frutas silvestres, quatro ovos, etc. Por consequência, é muito mais fácil para todos nós na sociedade determinar se algo "vale a pena" ser comprado ou vendido.

Outra maneira de dizer isso é considerar que o custo de oportunidade de comprar duas xícaras de frutas silvestres por uma fatia de pão é o valor de qualquer outra coisa que poderíamos comprar com aquela mesma fatia: meio quilo de manteiga, quatro ovos e etc. Por óbvio, escolheríamos comprar qualquer bem disponível que nos traria maior satisfação. Como todos buscamos valor – e, graças ao dinheiro, somos capazes de comparar preços com facilidade – nossas ações produzem um leilão implícito pelos bens que foram produzidos. Nossa vontade e capacidade de comprar um bem em determinado preço constitui nossa demanda.

Aquele que der o maior lance por um bem receberá tal bem primeiro e não terá que prescindir dele. Aqueles que oferecem menos dinheiro pelo bem serão servidos num tempo posterior até que os vendedores pensem que a quantidade de pão sendo ofertada em troca vale a pena. Quanto maior valor as pessoas dão para um bem, maior é seu preço de mercado. E quanto maior é a quantidade de um bem disponível para venda, menor será seu preço.

De modo similar, porque nossos esforços de compra e venda são desvinculados, nós podemos produzir o que nos dará mais dinheiro. Agora podemos usar nosso trabalho naquilo em que somos mais capacitados, onde temos maior experiência e onde podemos conseguir o maior pagamento em dinheiro. Isso significa que para nos beneficiarmos (em pagamento mais altos), escolhemos contribuir para a economia da maneira pela qual os consumidores nos dão mais valor. Num mercado, o poder de compra que obtemos em retorno pelos nossos serviços tende a ser proporcional ao valor com que contribuímos para o mercado em preços expressos em dinheiro.

Como resultado, o livre mercado provê aqueles que contribuem com mais valor na produção com maior poder de compra, o que significa que essas pessoas também têm uma maior capacidade de satisfazer as suas necessidades e as necessidades de terceiros, ao comprar os produtos e serviços que elas preferem. O poder de compra – e, portanto, o poder de consumo – à medida que as pessoas são capazes de satisfazer seus desejos através de bens – é, por consequência, um reflexo da contribuição que o indivíduo dá para a economia (como produtor). Dito de maneira mais simples, o que ofertamos ao mercado constitui nossa capacidade de demandar.

MOEDA FIDUCIÁRIA E INFLAÇÃO DE PREÇOS

A discussão anterior explicou o conceito econômico de dinheiro como dinheiro-mercadoria ou *commodity*. Na história, coisas diferentes exerceram o papel de dinheiro em diferentes sociedades: pedras, conchas de praia, gado, etc. Na Europa e noutros lugares, ouro e prata emergiram como dinheiro universal e internacional.

O dinheiro em papel que usamos hoje em dia é uma evolução das moedas de metal precioso e do sistema bancário. O processo é o seguinte. Bancos vendem espaço em seus cofres para segurança do dinheiro. O dinheiro é fungível, o que significa que não importa se você pegar a mesma moeda de ouro ou prata que depositou de volta do banco, então os bancos mantêm todas as moedas dos consumidores no mesmo cofre e emitem certificados de recibo para o número de moedas que cada consumidor tem depositado. Como tais certificados podem ser retirados em moedas, as pessoas podem usar os certificados em trocas diretamente, ao invés de ir ao banco, pegar as moedas, para somente depois fazer a troca. Aqueles que ficam com o certificado podem depositá-lo no seu próprio banco, e este banco que recebeu o certificado faz uma reinvindicação para o banco que o emitiu. Em intervalos regulares, os bancos fazem o processo conhecido como *clearing* dos certificados ao remanejar o valor líquido de ouro e prata que devem um ao outro, e estes procedimentos bancários, juntos, facilitam muito a vida de muita gente.

Essa prática tem um problema: ela dá aos bancos um incentivo para emitir mais certificados do que eles têm de dinheiro em seus cofres. Os certificados não são todos resgatados ao mesmo tempo, e como o dinheiro é fungível, a prática de emitir mais certificados do que existe de dinheiro no cofre pode dar aos bancos um poder de compra que eles não mereceram.

Num sistema de bancos livres, a maior parte desses abusos seria mantida em níveis baixos. Um banco só seria capaz de emitir estes "certificados de dinheiro" adicionais enquanto a prática não fosse descoberta e o banco é capaz de manter sua reputação. A partir do momento em que as pessoas que têm os recibos desse banco em mãos deixam de ter certeza se o banco tem dinheiro suficiente nos cofres – quando elas percebem que o banco é insolvente —, elas sacam os seus certificados. Historicamente, há muitos exemplos de bancos perdendo sua reputação e seus clientes sacando seu dinheiro maciçamente, causando o que se chama de corrida aos bancos. Se o banco emitiu mais certificados que ele pode pagar em dinheiro, essa corrida causa a quebra do banco.

A insolvência de um banco advinda da sua emissão excessiva de certificados de papel pode também ser descoberta no processo de *clearing* dos certificados emitidos. Uma casa de *clearing* verifica os balanços dos bancos e calcula quanto dinheiro (em ouro e prata) deveria ser transferido de um banco para outro, para que as respectivas contas sejam balanceadas. Se um banco emitir muito papel moeda (muitos certificados de depósito) isso será descoberto durante o *clearing* das transações, pois os outros bancos têm recibos do banco que emitiu demais e irão demandar que este banco transporte dinheiro real para eles – dinheiro que o banco que emitiu demais talvez não tenha. Assim o problema da emissão de certificados de papel pode ser descoberto tanto por consumidores quanto por bancos competidores. O risco de ser pego tentando se beneficiar do sistema, o que significa falência, é substancial.

Hoje em dia, a maioria das moedas são de monopólio estatal, emitidas pelos bancos centrais dos governos, e não têm lastro, como os recibos de nosso exemplo. Esse curso dos eventos é parcialmente explicado pela tentativa do governo de resolver o problema das corridas bancárias, e parcialmente pelo objetivo governamental de explorar o poder que advém da capacidade de emitir dinheiro. Como emissor de dinheiro monopolista, o governo/banco central pode dar a si mesmo poder de compra sem custo aparente.

Porém, como vimos, o poder de compra de um dinheiro é expresso na relação entre o dinheiro e os bens disponíveis. Quando o dinheiro novo é usado para comprar bens no mercado, os preços são puxados para cima para além do preço no qual eles seriam vendidos caso esse dinheiro novo não existisse. Isto acontece porque há mais dinheiro em circulação. Quando dinheiro novo entra no mercado, vemos um aumento geral, mas não uniforme, de preços. Isto é a inflação de preços.

O dinheiro fiduciário – criado pela centralização monopolista do dinheiro pelo governo – tende a ser inflacionário. É mais fácil para o governo prover a si mesmo poder de compra através do uso da impressora do que da taxação dos indivíduos. Porém, o efeito dessa ação governamental é que o poder de compra do dinheiro como um todo diminui, o que faz com que as pessoas fiquem, comparativamente, mais pobres, e distorce a estrutura de capital (como vimos no *Capítulo 3*). Este tipo de distorção causada pelo dinheiro causa estragos na economia, como veremos no próximo capítulo, e em última instância causa os ciclos econômicos de crescimento e depressão (que serão discutidos no *Capítulo 8*).

CAPÍTULO 7

CÁLCULO ECONÔMICO

O dinheiro, como discutimos no capítulo anterior, possibilita muitas trocas que, numa economia de escambo não seriam práticas ou seriam até impossíveis. Todos nós nos beneficiamos como resultado da adoção do dinheiro. Mas dinheiro tem implicações ainda maiores, que normalmente são desconsideradas ou mal compreendidas. Dentre elas está o *cálculo econômico*, que é o processo de determinar como recursos escassos deveriam ser usados parar produzir os resultados de maior valor possível. O cálculo econômico está no coração de qualquer economia.

É possível usar conhecimento técnico para maximizar os resultados de um processo produtivo dados os *inputs* e os *outputs*, e também é possível rejeitar *inputs* que são impróprios para esse tipo de produção. Mas qual *input* usar, que processo produtivo usar, que tecnologias produzem o melhor resultado (aquele de maior valor), e quais resultados devem ser buscados, são decisões fundamentalmente econômicas.

Por exemplo, o conhecimento tecnológico pode nos dizer que ouro é muito macio para usar em trilhos ferroviários. Mas tal conhecimento não é capaz de nos dizer qual metal mais duro é o melhor – o de maior valor – para usar: ferro, aço ou platina? A resposta requer saber quais são os outros possíveis usos desses metais, quão valiosos são tais usos, e quanto de cada metal está disponível. O conhecimento tecnológico também não pode dizer nada sobre quando, como ou se construir a ferrovia. Onde a ferrovia deveria ser construída? Ela deveria ser construída ou os recursos deveriam ser usados para construir outro tipo de infraestrutura – ou outra coisa completamente diferente? Todas essas são perguntas econômicas – todas tem por base o nosso cálculo do *valor* relativo do resultado.

Um metal que é longe de ser perfeito tecnologicamente pode, de fato, ser a melhor escolha, ainda que isso signifique ter que substituir alguns trilhos de tempos em tempos. A melhor solução em termos tecnológicos nos dá pouca ou nenhuma informação sobre o valor do resultado do custo de produção. Sem cálculo econômico, uma economia é incapaz de economizar recursos escassos.

O dinheiro facilita o cálculo econômico, um mecanismo essencial numa economia de mercado, ao servir como unidade comum de conta. Em outras palavras, o dinheiro permite o cálculo econômico.

A NATUREZA DE UMA ECONOMIA PRODUTIVA

Há muito tempo os economistas sabem que a produtividade está muito associada à especialização. Vimos no *Capítulo 5* que o capital aumenta a produtividade, fazendo com que o trabalho seja mais produtivo. Conseguimos mais resultado pelos nossos esforços laborais se usarmos ferramentas e máquinas apropriadas. A troca nos mercados também faz com que o trabalho seja mais produtivo, pois as pessoas podem se concentrar em produzir aquilo que cria mais valor, independentemente de elas darem ou não valor ou mesmo usarem diretamente aquilo que produzem. Ao invés de as pessoas serem autossuficientes e produzirem tudo que precisam para o seu dia a dia, os mercados fazem com que seja possível desenvolver habilidades específicas e permite tirar vantagem de economias de escala – de como o custo médio cai com produções de maior volume – para aumentar o resultado como um todo.

A especialização, ou o foco do tempo e do esforço em um conjunto mais específico de atividades produtivas, tem dois efeitos principais.

Primeiro, quando nos especializamos, nos tornamos mais capazes de executar certas atividades produtivas específicas. Adam Smith notou que a especialização nos faz muitas vezes mais efetivos e mais produtivos porque nós **(1)** não perdemos tempo mudando de uma atividade para outra, **(2)** desenvolvemos e melhoramos nossa destreza e capacidade de mão de obra, e **(3)** podemos identificar mais facilmente como usar máquinas simples ou desenvolver novas ferramentas para nos tornarmos ainda mais efetivos.

Smith exemplificou tal "divisão do trabalho" com uma fábrica de alfinetes, na qual a produção é feita em dezoito operações diferentes. No exemplo dele, "um trabalhador ... certamente ... não teria conseguido fabricar 20 alfinetes por dia, e talvez nem mesmo 1". Mas se, ao invés disso, dez homens se especializassem em fazer operações específicas, eles "poderiam fazer entre eles mais que quatro mil e oitocentos alfinetes em um dia." Essa é uma diferença enorme – a especialização aumenta o resultado do trabalho ao menos *duas mil e quatrocentas vezes*.

A diferença não está nas ferramentas e operações, que são as mesmas nos dois casos, mas na melhor organização do processo produtivo. Então, a especialização permite que os empregados sejam muito mais produtivos.

Segundo, quando nos especializamos – e porque nos especializamos – nos tornamos dependentes de que outros façam a parte deles no processo produtivo – e eles dependem de que nós façamos a nossa. A divisão de trabalho em série num processo produtivo cria interdependência: os dez trabalhadores no exemplo de Smith podem juntos produzir uma quantidade enorme de alfinetes, mas somente se cada um deles executar suas tarefas específicas. Se um trabalhador, posicionado no meio do processo produtivo, não aparece para trabalhar, isso cria um vazio no processo. Os trabalhadores nas operações anteriores ao ponto no qual a operação do trabalhador faltante começa serão capazes de executar seu trabalho, mas os trabalhadores que dependem do resultado daquele processo que não está sendo executado pela falta do trabalhador não poderão executar suas operações, e, como resultado, os alfinetes não serão produzidos. Para que o processo consiga gerar um alfinete sequer, todas as tarefas precisam ser realizadas. Dito de maneira simples, os dez trabalhadores especializados ficam de pé ou caem juntos. Se a cadeia for quebrada, por qualquer razão, eles deixarão de produzir quatro mil e oitocentos alfinetes num dia para produzir meros duzentos (o máximo que é possível para 10 trabalhadores não especializados, no exemplo dado por Smith).

Tal interdependência é arriscada e pode parecer uma má ideia, mas não é. Cada um dos trabalhadores tem interesse em completar o processo; se isso não fosse verdade, não haveria alfinetes para vender e não haveria trabalho (como trabalhadores não especializados, eles não seriam capazes de fazer mais de

20 alfinetes cada um e teriam um padrão de vida mais baixo). Portanto, porque as suas especializações nos esforços produtivos são interdependentes, os trabalhadores compartilham o interesse em completar o processo produtivo como um todo.

O argumento de Smith é mais geral e não limitado à produção de fábricas. A estrutura de capital por si mesma é resultado da especialização: uma divisão de recursos que facilita, fortalece e melhora a divisão do trabalho.

Quando o padeiro cria um forno (veja o *Capítulo 5*), ele não somente aumenta sua produtividade como padeiro, mas também desenvolve conhecimento e habilidade em produzir fornos. Se há outros padeiros interessados em usar sua inovação, nosso padeiro poderia se especializar em produzir fornos ao invés de se especializar em panificação. Ele poderia fornecer fornos para outros padeiros, estes poderiam então se especializar na produção de pães usando fornos. O papel do padeiro mudou de fazer pães para produzir fornos, e sua vida agora depende da existência dos recursos necessários para produzir fornos e então vendê-los. É uma oportunidade para criar mais valor e melhorar o seu padrão de vida, ao mesmo tempo em que melhora o padrão de vida de todas as outras pessoas.

Este simples exemplo do padeiro demonstra como um processo produtivo mais longo, através de inovação e da resultante divisão do trabalho e da adoção de capital mais intensivo, é adotado por produzir mais valor. Um processo produtivo mais longo é mais produtivo que usar recursos escassos, especialmente trabalho humano, de maneira mais eficiente. A economia moderna tem processos produtivos extremamente longos, com especializações tão específicas, que a maioria de nós não seria capaz de sobreviver sem que o restante da economia estivesse em funcionamento. Pense sobre todos os produtos e serviços de que você depende e que usa no dia a dia, mas que não produziu para si mesmo – e provavelmente *não é capaz de produzir*. Nós dependemos de muitos desconhecidos fazendo a parte deles na produção.

De outro lado, uma economia não poderia jamais sustentar a quantidade enorme de pessoas que vive hoje no planeta não fosse pela especialização. E a menor população que seria capaz de existir não teria as conveniências e a quantidade de produtos que temos disponível. Nossa prosperidade moderna é resultado da divisão de trabalho e do capital, que é constantemente melhorada e aperfeiçoada através da inovação e da competitividade no mercado.

Ao provocar processos produtivos paralelos, redundâncias, o mercado reduz o risco e os potenciais problemas de interdependência na produção e nas cadeias de suprimentos. Quando uma produção nova e especializada se torna lucrativa, ela será rapidamente copiada por empreendedores ávidos por uma parte daquele lucro. Em outras palavras, se o fabricante de fornos lucrar alto com seus produtos, outros irão tentar fazer o mesmo. Eles desenvolverão estruturas produtivas paralelas para capturar parte do mercado.

Com a existência desse tipo de competição por imitação, o risco que a produção não seja completada é drasticamente reduzido. Imagine se o produtor de fornos tivesse dado emprego a muitos trabalhadores para produzir os fornos usando processos produtivos especializados. O sucesso do esforço como um todo, como vimos, depende de que todos os trabalhadores façam a sua parte. Mas quando outros empreendedores imitam o processo em busca de parte do lucro na indústria de fornos, estes competidores podem usam fornos prontos ou mesmo fornos incompletos que outros empreendedores não conseguiram finalizar. Erros empresariais, portanto, são pouco relevantes em mercados por conta da interdependência, mas o mesmo não pode ser dito sobre processos centralizados.

Seria a redundância ineficiente? Por que deveríamos ter vários produtores oferecendo o mesmo bem ao invés de uma fábrica produzindo em larga escala? Tal questionamento deixa de lado o fato de que o mercado é um processo (mais sobre isso adiante) —, que uma firma não é suficiente para estabelecer todos os processos superespecializados. Há duas razões principais para isso. Primeiro, incompletude: os processos altamente especializados e muito específicos seriam muito arriscados, pois caso um deles desse errado, haveria rompimento na cadeia. Não é óbvio que usar as economias de escala dará mais benefícios do que usar redundância, e, além disso, há ainda o risco de ver o processo todo parar por conta de falhas numa parte. Segundo, melhoramento: inovações em produção jamais são adotadas pelos empreendedores em perfeito funcionamento, elas melhoram com a competição, por conta da entrada de novos empreendedores e das maneiras pelas quais eles descobrem como melhorar os processos. Sem a redundância proporcionada pelo mercado, jamais teríamos processos produtivos bons o suficiente para sermos capazes de aproveitar economias de escala.

O segundo ponto requer algum detalhamento. Quando a competição no mercado divide a produção em processos e tarefas cada vez menores e mais especializados, um bocado de refinamento e progresso ocorre. Os empreendedores tentam constantemente melhorar a produção existente através da inovação e da tentativa de encontrar melhores maneiras de produzir. Eles substituem partes dos processos existentes com subprocessos ainda mais especializados que, espera-se, serão mais produtivos e, portanto, poderão gerar vantagem competitiva.

A inovação empreendedora, empurrada pela busca pelo lucro, continua a subdividir e descentralizar os processos produtivos. O que antes eram partes especializadas num novo processo produtivo tornam-se bens de capital padronizados e serviços comercializados no mercado.

Considere este exemplo. Há tempos, os empreendedores implementaram novas ideias para melhor conhecer e controlar seus processos produtivos, bem como para melhorar as vendas. Tais ideias foram desenvolvidas e geraram as áreas de contabilidade e comunicação, e a especialização destas áreas tornou as tarefas mais produtivas. Hoje contabilidade e comunicação são normalmente negócios separados, pois os empreendedores descobriram que era mais produtivo ser especialista numa ou noutra destas funções e então vender os serviços delas para outros negócios. Esta venda dá aos produtores a possibilidade de focar na produção, contadores focam na contabilidade e comunicadores focam na comunicação. Cada um deles pode se especializar no seu ramo, melhorar seus respectivos processos, e melhorar seus resultados como um todo. É pela mesma razão que os fazendeiros não produzem seus próprios tratores, não produzem suas próprias sementes, nem fazem seus próprios fertilizantes e pesticidas.

A interdependência produtiva também vem com um resultado social positivo. Notamos na discussão anterior que a nossa habilidade de demandar – nosso poder de compra – vem do fato que produzimos valor para outros. Como a economia se torna cada vez mais especializada, a nossa contribuição pessoal depende cada vez mais da contribuição produtiva de outros indivíduos. E vice-versa. Isso também significa que eu, neste arranjo mercadológico, devo servir aos outros para então servir a mim mesmo, pois minha habilidade de demandar é baseada na minha capacidade de ofertar, de produzir. Por consequência, quanto mais eu interajo com, aprendo sobre, e compreendo os outros, melhor eu posso produzir os produtos e serviços que eles valorizam. Este raciocínio se aplica tanto a empreendedores que trabalham para si mesmos, que buscam servir seus consumidores de maneira mais direta, quanto para empregados em grandes corporações, que recebem salários com base em quão bem eles servem aos seus empregadores. Portanto, a produção no mercado é empática – a sua habilidade de gerar valor para outros é o que, em última instância, determina o valor que você consegue em retorno pelos seus esforços.

Isso significa que o processo de mercado não é somente sobre produção, mas *é um processo civilizatório: ele requer e aumenta a cooperação social para o nosso benefício comum e mútuo*. Não há contradições na produção que ocorre no mercado – há somente valor e a busca de valor através de produção empática. A competição é, de fato cooperação: ela não é direcionada ou desenhada por um ente central; ao invés disso a competição (e também a cooperação) é uma ação com base no mecanismo de preço. Ela carrega consigo uma melhor compreensão e respeito pelos pontos de vista das outras pessoas – e ao fazer isso no mercado, beneficiamos a nós mesmos.

Ludwig von Mises foi muito claro:

> A sociedade é a consequência do comportamento propositado e consciente. Isso não significa que os indivíduos tenham firmado contratos por meio dos quais teria sido formada a sociedade. As ações que deram origem à cooperação social, e que diariamente se renovam, visavam apenas à cooperação e à ajuda mútua, a fim de atingir objetivos específicos e individuais. Esse complexo de relações mútuas criadas por tais ações concertadas é o

que se denomina sociedade. Substitui, pela colaboração, uma existência isolada – ainda que apenas imaginável – de indivíduos. Sociedade é divisão de trabalho e combinação de esforços. Por ser um animal que age, o homem torna-se um animal social[7].

A economia e a sociedade são dois lados da mesma moeda. Não é possível separar o processo de mercado da sociedade e da civilização.

A FORÇA MOTRIZ

Já nos referimos ao mercado como um processo, mas ainda não discutimos o que faz com que a economia seja um processo.

O mercado que observamos e com o qual interagimos é, de fato, composto por diversos processos produtivos que geram os bens e serviços que compramos. Tais processos geram empregos que nos permitem auferir renda e, com esta renda, podemos escolher comprar bens.

Porém o processo de mercado não é somente a produção de bens que ocorre no tempo presente. Quem decide quais novos bens devem ser produzidos? A resposta simples para tal pergunta é: os empreendedores. Eles pensam sobre novos bens e novos processos produtivos que acreditam serão benéficos para os consumidores e que, portanto, possam gerar lucro para eles. Mas os empreendedores não podem saber se aquilo que eles irão produzir e oferecer para venda será desejado – ou a quais preços os consumidores estarão dispostos a pagar. Portanto, os

---

[7]. MISES, Ludwig von. *Human Action: A Treatise on Economics* (scholar's ed.). Auburn: Ludwig von Mises Institute, 1998, p. 143. Edição brasileira: MISES, Ludwig von. *Ação Humana - um tratado de Economia*. São Paulo: LVM Editora, 3ª ed. 2010.

empreendedores especulam – eles apostam que aquilo que eles acreditam ter valor, também terá valor para os consumidores. Ao fazer isso, os empreendedores direcionam o processo de mercado e fazem com que ele evolua. Constantemente, em sua busca por criar mais valor, os empreendedores desafiam o *status quo*.

Eles tentam criar valor novo e direcionar a evolução da produção a longo prazo. Por exemplo, no início do século XX, a produção de transporte pessoal estava concentrada em oferecer cavalos e charretes. Mas no início do século XXI, o transporte pessoal era sobre automóveis. Tal mudança é o que o processo de mercado é: a mudança constante e o refinamento do que é produzido e o modo como esta produção se dá.

O empreendedorismo é a força motriz do processo de mercado. A profunda mudança de cavalo e charrete para automóveis foi um caso de inovação empreendedora, parte do que o economista Joseph A. Schumpeter notoriamente denominou "destruição criativa". O aspecto criativo da mudança foi a aparência do automóvel – um novo tipo de transporte pessoal oferecido aos consumidores. Especificamente, foi a introdução do Modelo T por Henry Ford, um carro relativamente barato e produzido em massa – que fez com que tais novos produtos se tornassem acessíveis às massas. As pessoas não escolheram acabar com a combinação cavalos e charretes; elas escolheram os automóveis pois estes eram capazes de entregar mais valor do que a alternativa. É neste ponto que reside a "destruição" – o mercado para o transporte usando cavalos e charretes colapsou, pois os consumidores percebiam mais valor noutra solução de transporte.

Para colocarmos em termos diferentes, os automóveis proporcionaram maior valor para os consumidores do que o meio de transporte que eles usavam anteriormente. Por consequência, as pessoas que criavam e treinavam cavalos e construíam charretes não mais contribuíam para criar valor suficiente para os consumidores. Portanto, seus negócios e suas profissões foram logo substituídos por outros negócios e produções para os quais os consumidores davam maior valor.

Negócios e profissões que surgiram para dar suporte ao modelo de transporte baseado em cavalo e charrete desapareceram ou tiveram que modificar o que faziam e passar a produzir outros bens. Portanto, hoje temos apenas alguns poucos estábulos, mas existem muitas minas de ferro, usinas de produção de aço e postos de combustível para dar suporte à produção e utilização de automóveis.

Tal redirecionamento para um valor novo ocorre o tempo todo no mercado. Às vezes percebemos tais movimentos pois eles são rápidos e nos afetam diretamente. Mas normalmente não sabemos nada sobre as mudanças. Este é o caso típico de grandes mudanças *no processo produtivo* que não afetam o produto de consumo em si. O computador, por exemplo, revolucionou os processos produtivos e como as firmas operam. Embora computadores possa melhorar a eficiência de processos produtivos – ou reestruturar tais processos completamente – os consumidores normalmente não percebem a diferença entre os bens ofertados nas lojas. Mas os produtores enxergam essas mudanças logo que novas profissões ou especializações começam a aparecer. Estes tipos de trabalho criam valor, oferecem maiores salários e também novas carreiras. Não havia profissionais de computação em 1900, mas, no ano 2000, tais carreiras já eram tornaram comuns e respeitadas – e profissionais nestas carreiras atingem níveis de vida muito superiores àqueles que o melhor e mais capaz carpinteiro de 1900 era capaz de atingir ao produzir as charretes mais espetaculares.

A PRODUÇÃO DE VALOR

Os empreendedores competem ao mesmo tempo com negócios que já existem e com outros empreendedores para produzir valor novo para o consumidor. E eles têm um papel ainda mais importante. Ao especular e apostar na criação de valor novo, os empreendedores criam os meios necessários para o cálculo econômico — eles determinam os preços em dinheiro a serem pagos pelos meios de produção. Isto é de fundamental importância — é a existência de preços que faz com que o cálculo econômico seja possível. Sem que haja empreendedores exercendo tal função, seria impossível economizar recursos e descobrir novos processos produtivos inovadores.

Para entender isso precisamos considerar o que os empreendedores fazem. Especificamente, precisamos considerar o que as suas ações, como um todo, representam. Como muitas outras coisas na economia, os fenômenos observáveis emergem das ações dos indivíduos, mas não são criados por uma pessoa de maneira isolada. Ao invés disso, tais fenômenos são padrões (ordens) que emergem das ações das pessoas. Para dizer de outra maneira, se eu dirijo num lado na estrada, mas não do outro lado, isso não é um problema. O mesmo é verdade para os outros motoristas seguindo o mesmo padrão. Mas se todos os motoristas passam a dirigir do lado direito da estrada, isso (no agregado) cria uma ordem no *tráfego* que beneficia a todos: menos acidentes e deslocamentos mais rápidos. Tal ordem também afeta as decisões individuais dos motoristas — passa a fazer mais sentido dirigir do lado que os outros estão dirigindo, e o contrário seria perigoso e altamente ineficiente.

De maneira similar, o que um empreendedor faz é importante e pode até mesmo ser disruptivo, como vimos com o

Modelo T de Henry Ford. Mas disruptivo de quê? Da ordem de mercado que existia anteriormente, que é, por si mesma, o agregado das ações de produtores e consumidores. Portanto, empreendedores podem *individualmente* agir de algumas maneiras (o que no nosso exemplo seria dirigir de um lado da estrada) e no *agregado* criar uma ordem (dirigir do lado direito da estrada) que beneficia a todos.

Vamos elaborar para esclarecer. O empreendedor imagina um novo bem ou processo que ainda não foi tentado. Henry Ford imaginou um automóvel usando uma produção em linha de montagem. Johannes Gutenberg imaginou a imprensa, e Thomas Edison imaginou a lâmpada elétrica. O empreendedor está convencido que o novo bem trará maior valor para os consumidores quando comparado aos atuais bens. Ele acredita que o valor potencial é tão alto que os consumidores estarão dispostos a pagar por esse novo bem. Em outras palavras, ele espera lucrar.

O cálculo de lucro do empreendedor é baseado nos custos dos recursos disponíveis: salários para os trabalhadores, o aluguel de um local para executar a produção, materiais e maquinário, eletricidade, etc. Tais custos são de fácil estimativa, pois estes recursos estão disponíveis no mercado – os seus preços já foram previamente determinados (isto é importante e voltaremos a esse ponto). Para recursos que são difíceis de encontrar, um empreendedor pode estimar quanto vai custar para ganhar o leilão que ocorre com outros empreendedores e tomar posse do recurso. O custo de construir um novo tipo de máquina também pode ser estimado pois tudo que é necessário para fazê-lo já existe para ser comprado no mercado. Praticamente todos os custos podem ser estimados em preços de mercado, então um empreendedor pode facilmente estimar o custo de produzir um bem novo.

Mas como saber se tal produção vale a pena? Será que o esforço trará lucro suficiente? Para entender isso, o empreendedor precisa estimar o *valor do novo bem para os consumidores*. Tal valor dá ao empreendedor uma ideia de quais preços os consumidores estariam disponíveis a pagar e qual seria a quantidade vendida nesse preço. Tal preço – derivado do valor – é a base para a decisão do empreendedor de como, quando e onde produzir. O faturamento esperado *em dinheiro* constitui o máximo que o empreendedor estaria disposto a pagar pelo serviço dos trabalhadores, aos vendedores de bens de capital, etc. Ao subtrair os custos do faturamento esperado o empreendedor tem uma ideia da lucratividade do produto e da sua taxa de retorno esperada. Esse cálculo monetário só é possível porque tanto custos quanto benefícios são expressos em dinheiro, podem ser comparados e o seu resultado, ainda que baseado em estimativas e ideias, ainda que somente uma projeção, pode ser calculado. Baseado no lucro esperado, o empreendedor pode então decidir se o investimento vale a pena. O cálculo econômico (monetário) é a ferramenta permite que exista economia ao nível de mercado!

Isso pode até parecer óbvio, mas não é. Muitas pessoas não percebem o fato de que é o valor percebido pelo consumidor que guia os empreendedores e informa as suas escolhas sobre como tocar os negócios. Os empreendedores são motivados pelos lucros que podem ocorrer quando os consumidores dão valor ao produto produzido e ofertado. O valor está fora do controle do empreendedor, mas, por outro lado, os custos são *uma escolha do empreendedor*.

Considere o efeito combinado de todos os empreendedores fazendo escolhas sobre custos com base nas suas melhores estimativas do valor que eles irão proporcionar aos consumidores.

Os empreendedores estão num leilão ininterrupto pelos recursos e reconsideram seus custos enquanto competem entre si. Da mesma maneira que o empreendedor que acabamos de ver, eles podem ter que motivar os trabalhadores ou convencer os vendedores de materiais ou serviços oferecendo um preço mais alto. Ainda que eles já tenham um negócio, continua sendo necessário decidir se renovar contratos ou renegociar, revisar produção, etc. Tais escolhas e decisões são baseadas no valor esperado: para os empreendedores que estão tentando algo novo, esta é a sua melhor estimativa de quanto valor os consumidores podem ver nos bens que eles estão ofertando; para que os empreendedores continuem a produzir um bem já existente, eles precisam acreditar que as coisas vão continuar como antes (ou não!).

Os empreendedores que esperam produzir mais valor podem puxar os preços de alguns insumos para cima – e encontrarão maior facilidade em adquirir os insumos que eles desejam. Aqueles que esperam produzir menos valor não poderão comprar os insumos mais caros e deverão considerar alternativas para substituí-los, em geral inferiores aos melhores insumos. Isso significa que os recursos mais úteis e valiosos, aqueles que mais contribuem, serão vendidos pelos preços mais altos e, portanto, serão usados onde potencialmente geram mais valor para os consumidores. Os empreendedores, portanto, *indiretamente direcionam* os recursos para os seus melhores usos.

O processo de leilão pelos insumos não é somente uma maneira de direcionar os recursos para onde espera-se que sejam mais valiosos, embora isso seja muito importante. Este processo também determina os preços de mercado para tais recursos. Eles são os preços predeterminados que os empreendedores podem usar nos seus cálculos de lucratividade. Para evitar prejuízo, os empreendedores irão se distanciar de recursos que são demasiadamente caros (estes preços altos sinalizam que o mercado espera que outra pessoa crie mais valor usando-os) e, ao invés disso, irão escolher recursos mais baratos que poderão gerar lucro.

Portanto, a disputa entre empreendedores direciona os recursos e determina os seus preços – e, por consequência, *quais projetos deverão, de fato, ser executados*. Apenas projetos que têm os maiores valores esperados serão possivelmente capazes de gerar lucro (e, portanto, serão executados). Um empreendedor que prevê ser capaz de criar valor novo pode se dar ao luxo de pagar mais caro para adquirir os recursos que iriam para outro processo produtivo[8]. É por isso que grandes corporações têm pouca influência sobre os empreendedores. O que importa é o valor esperado da contribuição, não o tamanho da organização responsável pelo produto.

Este processo curioso de precificação dos meios de produção no mercado, no qual empreendedores decidem com base nos preços que eles também ajudam a determinar, é o que permite com que o mercado use *recursos escassos* de forma racional, ou seja, economicamente, na perspectiva do resultado do valor futuro. Tal processo não cria um resultado perfeito, o que é impossível porque as decisões de produção, incluindo quais custos serão aceitos, sempre precedem a valoração dos consumidores. Os resultados de qualquer processo produtivo são incertos e, em última análise, dependem do que os consumidores decidirão comprar. Lembre-se, é *um processo* – e, portanto, não pode ser

---

[8]. Empreendedores que não possuem capital próprio deverão conseguir investidores dispostos a alocar capital para executar o projeto.

maximizado pois o resultado não é e não pode ser conhecido, mas pode ser melhorado.

A incerteza sobre o futuro explica o porquê tantos empreendedores falham. Sem conhecer o futuro, muitos deles irão errar o cálculo, talvez superestimando o valor para o consumidor daquilo que eles se propõem a produzir.

Ainda assim, empreendedores que fracassam prestam uma contribuição importante, pois os seus erros esclarecem para outros empreendedores o que não funciona, e ao mesmo tempo fazem com que os recursos que eles usaram, e não mais usarão, fiquem disponíveis no mercado para outros empreendedores.

Tal sistema funciona por ser baseado em propriedade privada: os empreendedores ganham ou perdem pessoalmente. Se eles não arriscassem perder seu próprio dinheiro e bens, muitos deles seriam menos cautelosos em suas escolhas sobre quais custos aceitar, e os preços não seriam o resultado de estimativas racionais sobre valor dos recursos. Se os empreendedores não pudessem lucrar com suas atividades de enfrentamento da incerteza, eles teriam poucas razões para tentar tais atividades, e ainda menos razões para escolher seus custos sabiamente.

Em resumo, o processo de mercado distribui racionalmente os recursos escassos, pois os empreendedores arriscam sua propriedade e, portanto, fazem o seu melhor para tomar as decisões mais corretas. Se eles fracassam, são expulsos do mercado de maneira impiedosa e terão menos capital para tentar novamente. Aqueles que têm sucesso, que escolhem seus custos de maneira sábia e produzem bens para os quais os consumidores dão grande valor, são recompensados com lucros. Esta dinâmica empreendedora cria uma "divisão do trabalho intelectual", na qual os melhores e mais capazes podem tentar suas ideias – e beneficiar os consumidores.

EMPREENDEDORISMO E ADMINISTRAÇÃO

O processo de mercado, como explicado aqui, é muito maior do que é possível observar a cada instante. Porque é um processo, tudo que existe num dado tempo é o resultado daquilo que veio antes – e será desafiado pelo que virá depois. Em outras palavras, as firmas que existem hoje são o resultado de uma espécie de seleção natural no processo de mercado – elas "venceram" o leilão empreendedor pelos recursos. Caso os consumidores tivessem escolhido algo diferente, ou caso os empreendedores tivessem tido outras ideias, outros negócios estariam produzindo estes outros bens.

De maneira similar, alguns dos empreendedores que atualmente estão no processo de buscar fundos para seus empreendimentos, ou estão começando seus negócios, ou estão experimentando com processos produtivos – estão criando os negócios de amanhã. Os produtores que estão no mercado hoje somente permanecerão caso continuem a criar valor – e continuem a criar *mais valor* que os negócios que surgirão. É por este motivo que os negócios de hoje, mesmo os muito grandes, não podem simplesmente relaxar, eles precisam inovar. Eles continuam a ter um lugar no processo de mercado apenas enquanto nenhum outro negócio ofereça aos consumidores maior valor.

Em outras palavras, se tivermos que analisar a economia e focar somente nos negócios que existem, estaríamos perdendo de vista a maior parte do processo. Não seríamos capazes de entender os motivos pelos quais tais negócios (e os bens que eles produzem) existem, e não compreenderíamos como ou porque empreendedores com ideias melhores poderiam substituí-los a qualquer momento. Se olharmos somente para o *status quo* – a economia que podemos observar no presente – ou as mudanças que conseguimos observar no presente – ou as mudanças que ocorreram no passado recente, poderíamos facilmente concluir que a economia é um sistema bastante estático que está longe de ser capaz de maximizar o uso dos recursos. Seria fácil encontrar ineficiências e inventar outras possíveis soluções. Mas isso seria um erro enorme. O processo de mercado é, em especial, sobre compreender como criar valor novo para os consumidores – não sobre maximizar os resultados dos processos de produção que temos hoje.

É um *processo empreendedor*. O *status quo* é meramente a expressão mais recente do processo – é a expressão dos vitoriosos de ontem antes que eles sejam substituídos pelos vitoriosos de amanhã. O processo de mercado está num fluxo constante e é caracterizado pela renovação e pelo progresso.

O processo de mercado vai muito além da simples *administração da produção*. Negócios devem ter bons administradores que fazem com que a produção ocorra como planejado, que cortem custos e que modifiquem e melhorem os bens por eles produzidos. Mas a administração é o que ocorre na produção depois que o empreendedor já testou e comprovou que sua ideia funciona. Como dito por Mises, o administrador é o "parceiro júnior" do empreendedor.

Posto de maneira simples, a administração resolve problemas totalmente diferentes dos do empreendedorismo. Administração é sobre maximizar o resultado de um processo produtivo (tipicamente em termos de lucro financeiro). É um erro grave confundir o processo de mercado com algo similar à administração de produção.

PARTE III
INTERVENÇÃO

CAPÍTULO 8

INTERVENÇÃO MONETÁRIA

O ciclo de mercado: crescimento e estouro da bolha
O fluxo perpétuo da economia não é formado por mudanças aleatórias, mas por ajustamentos no aparato produtivo na busca da criação de valor. Valor, porém, é um alvo móvel, pois os desejos dos consumidores mudam com o passar do tempo, com as inovações e com as novas oportunidades. Os ajustamentos constantes significam que o mercado é mais bem compreendido como um processo.

Há duas tendências fundamentais nisso. Primeiro, há ajustes feitos na produção corrente que têm por objetivo manter os esforços alinhados com o valor esperado para o consumidor. Sem estes esforços, a produção iria, pouco a pouco, se afastar daquilo que os consumidores desejam. Como resultado, experimentaríamos a diminuição dos padrões de vida.

Segundo, empreendedores tentam inovações que eles imaginam que irão criar novo valor para os consumidores. Quando estas inovações têm sucesso, elas destroem e substituem a produção previamente existente. Quando a produção sofre uma revolução desta maneira, a economia cresce e os padrões de vida aumentam.

O processo como um todo é dependente de um sistema de preços que funcione, e dê aos agentes econômicos a informação necessária para que eles respondam de maneira racional às mudanças (vimos isto no *Capítulo 7*). Porém, se os preços forem manipulados e derem informações falsas, os empreendedores tomarão decisões com base nessa informação falsa. Isso significa que será mais provável que os empreendedores fracassem em seus negócios, mas também significa que as ações empreendedoras advindas desse engano irão introduzir erros no aparato produtivo. A economia, como resultado, fica *distorcida*.

O ciclo de crescimento e estouro de bolha é um tipo específico de distorção no qual os sinais de preços que foram manipulados levam a maus investimentos, que produzem um crescimento artificial e insustentável seguido por um estouro da bolha quando os erros na produção se tornam óbvios.

A TAXA DE RETORNO E INVESTIMENTOS EM CAPITAL

Para qualquer investimento, é importante pensar sobre o retorno esperado como uma taxa, ao invés de uma quantidade. Por quê? Porque é o resultado relativo que determina quão bom é o investimento. Um lucro de um milhão não é muito se vier de um investimento de um bilhão. Mas um milhão é um retorno enorme se o investimento inicial foi de cem mil. A quantidade de lucro é idêntica, um milhão, mas o lucro no segundo caso é dez mil vezes maior do que no primeiro[9].

Se pensarmos em lucro em termos de taxas de retorno fica mais fácil comparar projetos diferentes. Isso significa que um empreendedor – e os investidores no negócio – podem comparar alternativas que são diferentes em qualquer dimensão. Por exemplo, uma nova companhia aérea precisaria de muito investimento em capital para comprar aviões, contratar pessoal e ter acesso aos aeroportos, enquanto um novo serviço de jardinagem exige uma quantidade de investimento inicial muito menor. Mas é possível que o investimento maior ainda tenha uma taxa de retorno esperada muito maior, o que significa que faz mais sentido econômico investir no projeto da companhia aérea – embora ele requeira muito mais capital.

Como discutimos, os lucros estão correlacionados ao valor que o consumidor dá ao resultado da produção. Um investimento terá uma maior taxa de retorno *porque* ele tem maior valor para os consumidores. Isso significa que todos nos beneficiamos se o investimento consegue taxas de retorno as mais altas possíveis.

Uma alta taxa de retorno também significa que um empreendedor pode mais facilmente tomar capital emprestado. Por consequência, projetos que absorvem capital intensivamente (por exemplo, uma companhia aérea) ainda conseguem ser financiados, embora exijam grande investimento inicial. E o empreendedor pode facilmente calcular se o custo do capital

---

9. Um lucro de um milhão de um investimento de um bilhão equivale a um retorno de 0,1%, mas num investimento de cem mil, é um retorno de 1.000%. Portanto, se o bilhão inicial tivesse sido investido em projetos menores com taxas de retorno de 1.000%, o investimento inicial teria gerado 10 bilhões em lucro. Isso é dez mil vezes mais lucro do que no investimento maior.

vale a pena. Por exemplo, se o retorno de um projeto será de 7% e um empréstimo bancário pode ser conseguido a um juro de 5%, então o ganho esperado é de 2%. Isso significa que o empreendedor pode também comparar os 2% com, por exemplo, quanto ganharia um serviço muito menos absorvente de capital (como a jardinagem, por exemplo), ainda que ele não fosse, neste caso, necessitar de financiamento externo. Se o serviço de jardinagem deve entregar uma taxa de retorno de 4%, o empreendedor não escolheria começar uma companhia aérea. A taxa de retorno da companhia aérea é somente metade do que pode ser conseguido com a jardinagem (2% ao invés de 4%).

Mas imagine se a taxa de juros cobrada pelo banco fosse de apenas 1%. Neste caso o retorno da companhia aérea é *50% maior*[10] que o retorno da jardinagem, ainda que nada mais tenha mudado. Em tal situação, esperaríamos que os empreendedores investissem na companhia aérea ao invés de investir na jardinagem, pois é na companhia aérea que eles farão mais dinheiro, embora tenham que tomar empréstimos para concretizar o investimento. É necessário mais capital produtivo para começar uma companhia aérea, mas isso não se torna um problema caso a taxa de juros seja baixa.

Se a diferença entre as taxas de retorno for alta o suficiente, podemos também ver empreendedores tentando vender ou descontinuar seus serviços de jardinagem para tentar abrir companhias aéreas e outros negócios mais intensamente absorventes de capital. Esta seria uma mudança positiva dos

---

10. O retorno na jardinagem permanece 4%, mas o retorno esperado da linha aérea é agora 7% menos o custo do capital a 1%. Isto é 50% mais que o serviço de jardinagem (6%/4% = 150%).

investimentos em termos econômicos, pois a indústria de viagens aéreas provê maior valor esperado para os consumidores (o que está refletido na maior taxa de retorno). O capital existente seria investido onde pode ser usado de maneira mais produtiva a serviço dos consumidores.

Uma taxa de retorno mais alta não advém somente de custos menores. Custos menores e maior criação de valor podem ambos aumentar a taxa de retorno ou vice-versa. É o retorno esperado comparado ao investimento necessário que conta para a tomada de decisão de investimentos.

Porém, ainda que as taxas líquidas de retorno dos projetos sejam idênticas, a situação econômica pode não ser. Este é outro exemplo de como o mercado empodera os agentes ao reduzir a altura da barra: um empreendedor não precisa saber o *porquê* a taxa de retorno é alta para fazer o investimento. Mas faz diferença, quando tentamos compreender a economia. Por exemplo, quando a taxa de juros é de 5%, um retorno esperado de 11% sobre o investimento muito intensivo em capital visto numa companhia aérea faz com que o retorno líquido seja 50% maior que os 4% de retorno nos serviços de jardinagem.

Mas na economia é diferente. No caso de 11% de retorno e 5% de taxa de jutos, a alta taxa de retorno é devida à alta expectativa de criação de valor. A alta taxa de juros sugere que o capital está escasso, e por isso os bancos podem cobrar tal taxa de juros alta. Para atrair investimentos – e, portanto, capital – as companhias aéreas precisam criar mais valor. Vimos isso acima: quando a taxa de retorno das companhias aéreas era de 7%, serviços de jardinagem ganhavam uma taxa de retorno maior. Quando a taxa de retorno das mesmas companhias aéreas subiu para 11%, os serviços de jardinagem lucravam uma taxa de retorno menor. Os investidores são então incentivados a tirar o seu dinheiro das empresas de jardinagem e outros e colocar nas linhas aéreas para lucrar mais. Essa atividade realoca o capital que já está em uso em processos produtivos melhores (que criam mais valor): os consumidores ganham porque mais valor é produzido com os mesmos recursos.

No caso de 7% de retorno e 1% de taxa de juros, a taxa de juros é menor pelo fato de existir mais capital disponível para investimentos. Há mais capital disponível, pois as pessoas escolheram consumir menos e, ao invés disso, pouparam mais para o futuro. Portanto, a produção de bens de consumo também cai. A economia, então, pode suportar mais investimentos além daqueles que já estão sendo executados. Os consumidores se beneficiam, pois *mais* capital é investido para produzir bens (que estarão disponíveis no futuro). A taxa de juros mais baixa permite que o capital não utilizado seja colocado em uso, embora este movimento não impeça mudanças em outras linhas de produção. Os investimentos adicionais aumentam o total de produção da economia.

A taxa de retorno é simplesmente uma indicação do valor adicionado de um investimento. Não importa se essa taxa muda por conta de flutuações nos custos (taxas de juros mais baixas) ou em valor (espera-se que mais passagens aéreas sejam vendidas). O que importa para o empreendedor é a taxa de retorno esperada, que dá uma ideia aproximada do valor relativo que aquela atividade adiciona à economia como um todo. Tanto produção de maior valor quanto produção com menor custo beneficiam os consumidores.

A CAUSA E A NATUREZA
DA EXPANSÃO ARTIFICIAL

Imagine que a taxa de juros cai, como visto acima, de 5% para 1%, mas, ao mesmo tempo, não houve um aumento do capital disponível para investir. Como isso pode acontecer? Se os bancos criarem moeda nova e oferecerem tal moeda em forma de empréstimos, então a taxa de juros que eles poderão cobrar diminuirá, o que irá empurrar a taxa de juros do mercado como um todo para um nível abaixo do qual ela estaria caso essa criação de dinheiro pelos bancos não tivesse acontecido (por exemplo, 1% ao invés de 5%). Mas essa redução na taxa de juros não ocorreu por conta da mudança das condições econômicas – não há mais capital disponível, o que existe é mais moeda disponível para circulação na forma de empréstimos, e essa moeda nova pode ser usada para comprar os recursos de que os empreendedores precisam para começar e terminar seus projetos produtivos. Então, o sinal dado pela taxa de juros no qual os empreendedores se apoiam para fazer o cálculo econômico está *artificialmente baixo*. Portanto, as decisões e ações dos empreendedores serão baseadas nesse sinal defeituoso.

Como vimos, uma taxa de juros menor significa mais investimentos. No nosso exemplo, os empreendedores criarão novas companhias aéreas (e irão expandir as existentes), pois a indústria agora aparenta ser mais lucrativa em comparação ao que era. À medida em que empreendedores com poder de compra emprestado (vindo do dinheiro recém-criado pelos bancos) começam a entrar no mercado e tentam estabelecer novos processos produtivos, eles aumentam a demanda por capital, forçando os preços para cima. Como tais investimentos ocorrem majoritariamente na indústria aeronáutica, que é muito intensiva em absorção de capital, a demanda aumenta especificamente por aviões, tripulações e outros recursos que tal indústria utiliza. Assim, o preço dos aviões aumenta e os empregados das companhias aéreas, pilotos e tripulações passam a receber maiores salários.

Ao mesmo tempo, os consumidores parecem dispostos a pagar mais, o que sinaliza aos produtores de aviões que eles devem aumentar a produção. Isso faz com que os produtores aumentem as ordens de compra de alumínio e outros materiais, e comecem a contratar mais engenheiros. A competição que isso causa entre os empreendedores por tais recursos faz com que os preços deles também aumentem. Isso causa uma bolha nos investimentos, os preços sobem em todos os estágios de produção, nas linhas aéreas, depois nos produtores de aviões, nos produtores de alumínio, até chegar aos mineradores. Cada estágio de produção vê um aumento na demanda, o que significa que os produtores podem exigir preços maiores e ser mais lucrativos, o que os motiva a aumentar ainda mais a produção. Tais condições também motivam outros empreendedores a investir nessas indústrias para capturar parte dos lucros. Dados os sinais do mercado, estes aumentos nos investimentos são apropriados, os preços sobem, sugerindo que a oferta antes era inadequada; os produtores estavam subestimando a demanda.

As companhias aéreas novas e as que estão expandindo estão mais dispostas e têm maior capacidade de pagar, e assim elas superam a competição com outros possíveis usuários dos recursos. Outros usuários comerciais de alumínio, por exemplo produtores de refrigerante, encontrarão preços maiores e menor disponibilidade, o que afeta as margens de lucro deles. Em resposta aos maiores preços, tais produtores reavaliam os seus planos para economizar no alumínio que gastam e consideram alternativas. Como resultado, os preços do refrigerante para o consumidor final podem aumentar e os refrigerantes podem começar a ser vendidos em recipientes de vidro ou de plástico ao invés de latas de alumínio.

O fato de o alumínio que seria usado pela indústria de refrigerantes estar sendo direcionado para a indústria aeronáutica não é tão estranho quanto pode parecer. A indústria aeronáutica é onde o alumínio, de acordo com o preço sinalizado pelo mercado, deverá criar maior valor para os consumidores[11]. É de se esperar que os preços de mercado redirecionem a produção para onde ela melhor serve os consumidores de acordo com o que pensam os empreendedores (como vimos no *Capítulo 7*).

Mas há um problema: os preços mais altos na produção de aviões são derivados da taxa de juros artificialmente baixa que, por sua vez, emerge da criação de moeda pelos bancos e da consequente expansão do crédito – a taxa de juros mais baixa não deriva de uma maior disponibilidade de capital. Portanto, toda a mudança na economia em direção à produção de aeronaves, incluindo todos os investimentos realizados para dar suporte a esta produção, e, portanto, *para longe* de outras linhas de produção que aparentemente são menos lucrativas, constituem maus investimentos.

Maus investimentos significam que os investimentos são estruturalmente distorcidos: algumas áreas na economia

---

11. O nosso exemplo assume que os produtores de refrigerante não esperam que a demanda cresça o suficiente para incentivá-los a aumentar a produção, mas se eles ainda assim passassem a produzir mais, também poderiam explorar a taxa de juros menor para investir na expansão da sua produção. Por exemplo, poderiam investir em automação. Isso aumentaria mais ainda a demanda nos estágios mais altos da cadeia produtiva, pois tanto os produtores de aviões quanto os de refrigerante estariam competindo no mercado para comprar o alumínio disponível.

são sobreinvestidas enquanto outras são subinvestidas. O sobreinvestimento nas companhias aéreas também significa sobreinvestimento na produção de aeronaves, na produção de alumínio e na mineração, que têm por objetivo atender às expectativas de maior demanda por voos (por conta do maior valor antecipado para este tipo de bem). Enquanto os investimentos aumentam e os preços sobem, antecipando a maior demanda, tais indústrias começam a ver um crescimento muito rápido, um *boom*.

Essas mesmas indústrias, pelo menos em nosso exemplo, também se expandiram da mesma forma quando os juros caíram devido à maior disponibilidade de capital produtivo. A diferença é que essa nova expansão está usando recursos que não estão prontamente disponíveis, mas estão sendo deslocados de outros setores onde a demanda do consumidor permanece praticamente inalterada. A mudança, portanto, não é uma questão de a economia mudar de uma linha de produção para outra em resposta às mudanças esperadas no que os consumidores valorizam. Em vez disso, há uma maior demanda por capital produtivo e trabalho em geral, à medida em que os empresários estabelecem novas linhas de produção, motivados pela taxa de juros artificialmente mais baixa.

Do ponto de vista do valor para o consumidor, esta expansão é causada por sobreinvestimentos nas companhias aéreas e nos processos produtivos de estágio mais elevado. Tais sobreinvestimentos, por sua vez, ocorrem por conta de um sinal defeituoso do mercado. Estes sobreinvestimentos dão suporte às viagens de avião, e, portanto, também causam subinvestimento noutras linhas de produção. Expansões artificiais como esta, causadas pela expansão de crédito, podem ocorrer em quaisquer processos produtivos longos. Tais sobreinvestimentos distorcem o aparato de produção da economia: os resultados da produção passam a não mais ser alinhados com o que os consumidores querem mais urgentemente (ou ao menos com o que os empreendedores imaginam que os consumidores mais querem).

Este *boom* é insustentável pois consiste, na sua maioria, de *maus investimentos*. Isso não ocorre por conta da grande velocidade de crescimento da economia. O que chamamos de ciclos econômicos é a sequência que começa com um *boom* insustentável seguido por um estouro inevitável da bolha. Este é um processo diferente da evolução sadia da economia. E contrastar essas duas coisas ajuda a compreender tais diferenças.

Primeiro, vamos olhar para o crescimento sustentável. Já vimos que a taxa de juros reflete a disponibilidade de capital para investimento produtivo. Quando mais capital se torna disponível, mais a taxa de juros cai, e vice-versa. Especificamente, isso ocorre quando os consumidores estão menos dispostos a comprar e consumir bens no presente e preferem guardar uma parte maior dos seus bens para o futuro. A *preferência temporal* destes consumidores é menor, o que significa que eles têm horizontes temporais mais longos em suas valorações – eles olham mais para o futuro do que costumavam fazer. Como resultado, os empreendedores que produzem bens de consumo enfrentam demandas menores e menor lucratividade, e, portanto, têm um incentivo para reduzir suas operações e buscar outras oportunidades. Alguns podem até mesmo fechar seus negócios. Como resultado, os empreendedores como um todo reduzem a produção e a venda de bens de consumo.

Tal redução libera capital produtivo para novos investimentos, que agora são factíveis e devem ter maior lucratividade, pois a maior disponibilidade de poupança faz com que a taxa de juros diminua. Portanto, empreendedores investem mais em processos produtivos que produzem bens que estarão disponíveis para venda no futuro. No geral, isto redireciona a capacidade produtiva de algo focado na produção para consumo imediato para a produção de coisas para consumo futuro. Quando isso ocorre, os empreendedores estão respondendo aos sinais de preço e abandonando as produções com lucratividade baixa para buscar taxas de retorno maiores nas produções direcionadas ao consumo futuro. Isto está bastante alinhado com o fato de que os consumidores estão consumindo menos e poupando mais (os consumidores estão adiando o consumo). De fato, a mudança na produção é uma questão de ajustar a produção para onde se espera que ela produza maior benefício para o consumidor.

O *boom* insustentável é diferente. Aqui os empreendedores aumentam os investimentos na produção para consumo futuro baseados na taxa de juros artificialmente baixa. Em outras palavras, não há mudança correspondente no comportamento do consumidor que justifique essa mudança de comportamento dos empreendedores – ao invés disso, a taxa de juros menor faz com que os consumidores estejam menos dispostos a poupar (eles ganham menos se deixarem de consumir agora) e, portanto, encoraja o consumo no presente. Isso causa tensão na estrutura produtiva, entre a produção que atende ao consumo presente (que está aumentando) e os investimentos que atendem ao consumo futuro (que deve aumentar).

De um lado, os empreendedores produzindo para o consumo no presente não veem queda na demanda, pois não houve mudança no desejo de consumir. A lucratividade dos produtos não está caindo, portanto, por qual motivo eles reduziriam suas atividades? Assim, estes empreendedores continuam a competir por recursos e continuam a emitir ordens de compra.

Ao mesmo tempo, a menor taxa de juros causa um aumento nos investimentos por produção futura. Os estágios de produção de ordem mais alta começam a ver maior demanda, pois recebem ordens de processos produtivos que estão servindo consumidores no presente *e também* daqueles que visam servir os consumidores no futuro. Lembre-se, tudo isso tem por pano de fundo um sinal mercadológico distorcido, a taxa de juros artificialmente baixa. Como não há mais capital disponível, mas existem muitos compradores, os preços são forçados para cima para níveis muito mais altos. Por vezes isto é chamado de bolha nos preços de ativos.

Embora a competição entre a produção para o presente e aquela para o futuro possa ser considerada uma coisa boa, o sinal defeituoso da taxa de juros empurra a economia para direções diferentes. Os preços dos fatores de produção acabam por aumentar por conta do sobreinvestimento nos processos produtivos de estágio mais alto (no nosso exemplo, aeronaves, alumínio e mineração). Tais aumentos de preços são baseados no sinal distorcido e, portanto, estão desconectados de uma demanda futura genuína por viagens de avião. Estes aumentos de preços incluem os salários para os trabalhadores nestes estágios, os trabalhadores então têm mais dinheiro para gastar em consumo presente. Com uma taxa de juros artificialmente baixa, há um incentivo menor a deferir o consumo para o futuro. Portanto, uma maior fração dos salários, que agora são maiores por conta do *boom*, é gasta em bens de consumo – o que também aumenta a demanda por bens no presente.

Em suma, o crescimento sustentável é causado e suportado por uma mudança no comportamento do consumidor: uma menor demanda por consumo no presente que faz com que haja mais capital disponível para investimento em estágios de produção mais longe do consumo. No *boom* insustentável, pelo contrário, não há mudança no comportamento do consumidor, mas investimentos são adicionados sem que exista capital produtivo adicional. Portanto, neste caso, a estrutura de produção reflete a maior demanda por bens de consumo tanto no presente quanto no futuro, com base na premissa de que existem bens de capital suficientes para completar todos os novos projetos produtivos. Outra maneira de dizer isso é que a economia, através das ações dos empreendedores que foram enganados pelas taxas de juros artificialmente baixas, consome e investe, ao mesmo tempo, o capital que está disponível. Deve ser óbvio que isso não é possível. Não há capital produtivo suficiente para suportar as duas coisas ao mesmo tempo.

O *boom* insustentável é, portanto, baseado na produção que requer recursos que não existem. Muitos destes processos produtivos, especialmente nas ordens mais altas (longe dos consumidores), não podem ser completados pois o capital necessário é muito escasso. Isso não significa que fábricas abruptamente percebem que não têm acesso aos recursos, embora carência de insumos possa ocorrer. É mais possível que os preços dos ativos sejam empurrados para níveis tão altos que muitos investimentos simplesmente param de parecer lucrativos. Os empreendedores então descobrem ter cometido erros significativos em seus cálculos e são forçados a abandonar seus investimentos.

Os erros dos empreendedores são comuns no mercado, mas tais erros não são comumente causados por ciclos de mercado. O que é único nos ciclos é que há um conjunto enorme, um *cluster*, de erros simultâneos dos empreendedores. A razão é a que vimos: os empreendedores foram iludidos a agir ao pensar que havia capital disponível para os seus projetos produtivos.

Mas tal capital não existe. Foi a expansão do crédito, não a maior disponibilidade de capital, que reduziu a taxa de juros para um nível que não reflete a disponibilidade real de capital para investimentos.

Isto levanta a questão de por qual motivo os empreendedores se deixam ser enganados. Será que eles não percebem que as taxas de juros estão artificialmente baixas? Talvez percebam. Mas isso não importa, pois eles ainda assim esperam se beneficiar do menor custo associado a emprestar dinheiro nestas condições. Por qual motivo eles não investiriam em projetos se eles esperam que tais projetos sejam lucrativos? Mesmo que eles conheçam a teoria dos ciclos de negócios e saibam que a economia está numa bolha, a bolha é, de fato, muito lucrativa. Ao não expandir o seu negócio enquanto a bolha infla, os empreendedores estariam deixando de lucrar. Isso pode parecer um problema menor, mas os investidores provavelmente não vão concordar com essa conclusão. Ao mesmo tempo, os competidores muito provavelmente não irão deixar esses possíveis lucros de lado, portanto, a inação por parte do empreendedor fará com que os competidores acabem abocanhando parte do mercado que era do empreendedor que decidir não surfar na onda da bolha. Como resultado, *não expandir* durante a bolha é muito arriscado para qualquer empreendedor.

Também há o problema do aumento do número de empreendedores durante a bolha. Como os preços aumentam, mais pessoas enxergam a oportunidade de lucrar – e razões para deixar seus atuais empregos. Portanto, o *boom* atrai aqueles que, noutra situação, não entrariam no mercado como investidores ou empreendedores. A sua falta de experiência sugere que eles estão ainda mais propensos a cometer erros e, portanto, a contribuir para os maus investimentos como um todo.

O ESTOURO QUE CORRIGE A BOLHA

O estouro da bolha chega com rapidez. Embora a bolha possa ser teoricamente fácil de antever, é difícil prever exatamente quando ela irá estourar. O gatilho para o ponto de inflexão pode ser algum evento aparentemente não relacionado que aumenta ainda mais a pressão em algum tipo de mau investimento específico e faz com que ele comece a dar prejuízos. Como o aparato produtivo já está bastante forçado pela alta demanda, embora ainda esteja sustentando preços altos, um negócio que vai à bancarrota pode facilmente puxar para baixo seus consumidores e fornecedores, pois estes não poderão mais esperar ser pagos pelos serviços prestados ao negócio que falhou. Isto causa uma reação em cadeia que acaba por revelar a extensão dos maus investimentos na economia.

A massa de investimentos que acabam por se relevarem errados, e, portanto, os negócios que fecham e os empregos que desaparecem, é o estouro da bolha. Mas note que o estouro não é um fenômeno separado: o estouro está contido no crescimento artificial do *boom*, que traz investimentos insustentáveis. É por este motivo que nos referimos à sequência de *boom-bust* – crescimento artificial e estouro – como o ciclo de mercado: os maus investimentos que causam o crescimento artificial precisam ser desfeitos para que a economia volte a uma situação saudável. O crescimento artificial não é um desenvolvimento saudável e o estouro não é evitável; o *boom* não é crescimento econômico real, mas é uma ilusão. Os consumidores esperavam outras coisas. Os empreendedores investiram em coisas que não eram genuinamente motivadas por expectativas de valor para o consumidor, mas foram, pelo contrário, facilitadas por um sinal mercadológico corrompido sobre a disponibilidade do capital: a taxa de juros artificialmente baixa.

O estouro da bolha libera bens de capital que haviam sido mal investidos em processos que não servem aos consumidores então estes recursos podem ser realocados em processos nos quais eles contribuem mais para o bem dos consumidores. Em outras palavras, no estouro da bolha, outros empreendedores têm a chance de adquirir aquele capital para buscar ofertar valor para os consumidores – as falhas das empresas são necessárias para que os maus investimentos sejam revelados e, depois, substituídos por investimentos produtivos e saudáveis.

Porém, para que o estouro de fato restaure uma estrutura de produção saudável, a taxa de juros deve poder aumentar. Caso a taxa se mantenha artificialmente baixa, o processo de correção será mais demorado, pois novos empreendedores também serão incentivados a entrar no mercado e os erros estruturais irão, portanto, persistir.

CAPÍTULO 9

INTERVENÇÃO REGULATÓRIA

Regulação é toda restrição imposta na economia pelo governo: proibições, exigências de licenças para exercer alguma atividade, padrões de qualidade ou segurança, controles de preços, quotas e subsídios, etc. Embora esses mecanismos sejam diferentes em suas especificidades e em seus propósitos, todos são implementados para induzir uma mudança na economia.

Se as regulações não mudam nada, elas são ineficazes. Isto ocorre porque a restrição específica não é aplicável ou não é imposta na prática. O ponto, portanto, é que toda regulação tem a intenção de impor alguma mudança e que elas importam somente se, e somente enquanto, são capazes de forçar tal mudança. Regulação eficaz, quer ela tenha sucesso ou não em produzir o resultado esperado, modifica o comportamento, e, portanto, a estrutura da economia.

Algumas regulações são impostas a produtores, enquanto outras tem como foco o comportamento dos consumidores. No primeiro caso podem ser impostos custos adicionais ou proibições sobre alguns produtores ou os custos para outros produtores podem ser reduzidos artificialmente. O propósito deste tipo de regulação é modificar os tipos de projetos produtivos executados pelos empreendedores e, portanto, os bens que serão disponibilizados aos consumidores. No segundo caso, o objetivo é mudar o comportamento do consumidor, e, como resposta, afetar os produtores pois eles deverão responder à nova natureza e estrutura da demanda pós-regulação.

Sabemos que a estrutura de produção é determinada pelos empreendedores agindo em busca de lucro que advém da satisfação de desejos dos consumidores (veja o *Capítulo 5*). Portanto, para que as regulações sejam efetivas, elas devem afetar o comportamento do empreendedor e mudar quais projetos produtivos os empreendedores escolhem executar. O resultado observado (o que é visto), o que não ocorreu por conta da intervenção (o contrafactual ou o não-visto) e os efeitos de longo prazo (o não-realizado[12]) são fundamentais para compreender o impacto das regulações:

O VISTO

O mundo que observamos é o ponto de partida óbvio para analisar os efeitos da regulação, mas este ponto de partida também pode ser enganoso. Este ponto é óbvio, pois é o que podemos ver e medir. Mas ao estudá-lo também somos levados a erros e conclusões prematuras pois embora a economia – seus dados – aparentemente nos apresente dados claros sobre os efeitos de uma regulação, estes dados não são, de fato, claros ou óbvios.

---

12. O "não-realizado", no original "the unrealized", é um termo cunhado por BYLUND, Per L. *The Seen, the Unseen, and the Unrealized: How Regulations Affect Our Everyday Lives*. Lanham: Lexington Books, 2016. (N. T.)

Caso a regulação recentemente imposta fosse a única mudança, poderíamos facilmente comparar o estado da economia antes e depois e, portanto, compreender o efeito da regulação. Porém, pelo fato de o mercado ser um processo em fluxo constante, a regulação jamais será a única mudança – a regulação é uma imposição na evolução e no desenvolvimento do mercado.

Considere o caso da imposição de um salário mínimo que estipula um piso de mercado. Para que tal regulação seja efetiva, o piso estipulado deve ser mais alto do que o que os empresários já pagam aos seus empregados. Se o salário no mercado é $10 dólares a hora, o salário mínimo precisa exigir que os empregadores paguem algo além disso – a regulação deve impor alguma pena ou proibir os empregadores de pagar salários menores do que o estipulado.

Se a legislação do salário mínimo impuser um valor de $14 dólares por hora, então este é o salário de mercado. Tudo abaixo disso seria ilegal. Desta maneira, comparações antes e depois fariam parecer que as pessoas estão ganhando mais dinheiro depois da imposição do salário mínimo. Mas seria isso verdade? Para que possamos responder à essa pergunta, precisamos também considerar o que teria ocorrido sem a imposição de um salário mínimo, fazer isso é considerar o contrafactual ou o "não-visto".

O NÃO-VISTO

O "não-visto" refere-se ao "outro lado" da história – o que teria acontecido. Como isso, por definição, não acontece, é impossível medir. Porém, o "não-visto" é sempre o custo de qualquer ação ou escolha. Se eu escolher um bife para o jantar, deixo de escolher todas as outras coisas que eu poderia ter comido. O maior valor dentre todas as outras possibilidades as quais não escolhi é o custo econômico da escolha – o *tradeoff* é o valor que não foi realizado.

Sem um contrafactual, conseguimos olhar somente para o benefício presumido, mas não consideramos o custo. Assim, a análise torna-se desbalanceada para um lado apenas, e há o risco de perder coisas importantes. Também não podemos determinar se foi uma escolha boa ou ruim. Valeu a pena? Precisamos saber o custo para responder a esta pergunta.

Isto se aplica também a regulações como o salário mínimo do exemplo que vimos. O propósito de salário mínimo é aumentar o salário dos trabalhadores. Se considerarmos somente o que é visto, parecerá que a regulação teve sucesso, pois depois da imposição do salário mínimo ninguém mais ganharia abaixo de $14 dólares por hora. Esta conclusão seria prematura, pois ainda não olhamos para o não-visto.

Precisamos então perguntar o que teria ocorrido se não houvesse a imposição do salário mínimo. É importante reconhecer que o salário mínimo não aumenta magicamente o salário das pessoas, mas impõe que os empregadores não empreguem ninguém por menos que o salário estipulado. Isso não é equivalente a aumentar o salário dos trabalhadores.

Vamos considerar um exemplo de um empregador que, antes do salário mínimo ser imposto, tem três empregados. Eles recebem $7, $10 e $16 dólares por hora, respectivamente. A razão para a diferença nos salários é que o valor com que eles contribuem para o empregador é diferente. Aquele que recebe $7 dólares por hora está sendo treinado no trabalho, está aprendendo a lidar com as coisas, o que explica seu salário baixo. Depois de treinado, e mais valioso para o empregador, este empregado pode esperar ganhar um salário maior no futuro. O trabalhador que recebe $16 dólares por hora tem um conjunto de habilidades que é particularmente importante para a linha de produção do empregador, fazendo com que a sua contribuição para o valor total seja maior. Este trabalhador poderia facilmente conseguir trabalho noutro lugar caso recebesse menos. O trabalhador que ganha $10 dólares a hora não tem habilidades especiais além de alguma experiência no trabalho e, portanto, recebe o salário comum para trabalhadores comuns, novamente, proporcional à contribuição que ele dá ao valor que será proposto pelo processo produtivo.

O empregador não estaria disposto a pagar mais do que a contribuição deles para o produto final para nenhum destes empregados. Eles são empregados para contribuir para o valor criado, não para subtrair deste valor. Pagar a eles qualquer coisa além daquilo com que eles contribuem seria caridade – consumo – e não produção. Ao mesmo tempo, os trabalhadores não recebem menos que suas contribuições para o valor, pois se isso fosse verdade, outros empregadores poderiam lucrar ao contratá-los por um salário maior.

Agora imagine que um salário mínimo de $14 dólares seja imposto. Isso significa que o empregador não pode mais pagar nada menos que $14 dólares a hora para nenhum empregado. O empregador precisa decidir se dobrar o salário do trabalhador que está em treinamento e se aumentar o salário do trabalhador que recebe $10 dólares por hora em quase 50%. O terceiro trabalhador, que já ganha $16 dólares a hora, não é diretamente afetado. O empregador provavelmente vai dispensar o trabalhador que está sendo treinado, pois sua produtividade é muito menor do que a de um trabalhador já treinado – mas o preço pelo trabalho dos dois depois da imposição do salário mínimo é idêntico.

O empregador não pode arcar com os custos de simplesmente aumentar o salário do trabalhador que ganha $10 dólares a hora, pois sua contribuição para o valor final é maior que $10 dólares por hora, mas menor que $14 dólares por hora. Mas, ao modificar o processo produtivo, cortar benefícios, e abolir outras vantagens tais como lanches da tarde para os empregados, esse empregado pode ser mantido a uma taxa de $14 dólares por hora. Ao menos por enquanto.

O visto, portanto, é que o empregador pagou um salário médio de $11 dólares a hora antes da regulação e $15 dólares depois da regulação. Um ganho óbvio para os empregados. A regulação funcionou. Num passe de mágica ela aumentou o salário dos trabalhadores.

Porém, o não-visto nos mostra uma figura diferente. Se nada tivesse acontecido na economia para mudar a produtividade dos trabalhadores ou a lucratividade do negócio, haveria ainda três trabalhadores empregados para um total de $33 dólares por hora de salário. Com a intervenção, existem somente dois empregados para um total de $30 dólares por hora. Além disso, o trabalhador que recebia menos agora precisa trabalhar mais para justificar seu salário maior.

Será que a imposição da regulação valeu a pena? A ciência econômica não pode responder a essa pergunta porque se trata de um julgamento de valor. Mas o que a ciência econômica pode fazer é identificar os resultados da regulação e, portanto, mostrar se a regulação atingiu o que havia prometido, ou seja, se aumentou o salário dos trabalhadores (de fato, isso ocorreu para um trabalhador; mas também resultou noutro trabalhador sendo demitido).

Há ainda mais na história, pois o visto e o não-visto somente consideram os efeitos no presente. Porém, como sabemos, a economia é um processo – o mundo em que vivemos hoje tem consequências para o futuro.

O NÃO-REALIZADO

Ao entendermos que o mercado é um processo, temos mais compreensão sobre os efeitos reais das regulações na economia, além do visto e do não-visto. Para ver como isso ocorre, continuaremos com o exemplo do salário mínimo e usaremos a lógica passo a passo com e sem a regulação.

Depois da imposição do salário mínimo, o trabalhador que estava em treinamento é demitido. Ao invés de ganhar algum dinheiro e a experiência necessária para avançar na carreira, ele agora está procurando emprego. Porém, todos os empregados estão agora obrigados a pagar $14 dólares a hora, o limite mínimo parar conseguir um trabalho é muito mais alto do que antes. Sem treinamento, o trabalhador que acabou de começar não pode encontrar um trabalho no qual ele contribuiria ao menos o mínimo necessário para ser contratado, e como ele também não pode adquirir a experiência que aumentaria sua produtividade, ele permanece desempregado.

Ao mesmo tempo, os trabalhadores que mantiveram seus trabalhos estão cada vez mais frustrados. Os que recebem mais se sentem tratados injustamente pois eles não receberam um aumento, enquanto os seus colegas menos produtivos receberam um aumento de 40% por razões pouco óbvias. Agora a pressão por resultados sob os trabalhadores também aumenta, e o trabalhador mais capacitado deve ajudar o menos capacitado em suas tarefas para fazer com que a produção ocorra como esperado. A situação era melhor quando havia três trabalhadores, ainda que um deles estivesse aprendendo. Agora os dois remanescentes têm que se esforçar bastante para produzir o que os três produziam anteriormente com certa facilidade.

O trabalhador mais capaz, além disso, acredita que merece um aumento e está descontente com a perda de alguns benefícios que costumava ter. Ele lembra quando podia parar para um cafezinho e para uma conversa amistosa com um colega durante a tarde, um momento de relaxamento e alívio das pressões do trabalho. É mais difícil manter-se motivado e ele se sente cada vez mais cansado à medida em que o final de semana se aproxima. Isso sem mencionar que o trabalhador foi avisado a não esperar aumentos, pois sua produtividade não garante maior pagamento.

Isso é visto com um salário mínimo de $14 dólares a hora.

No mundo contrafactual, onde não há salário mínimo, todos os três trabalhadores seguem empregados. Inicialmente eles recebem o mesmo que antes, $7, $10 e $16 dólares a hora, respectivamente. Mas o trabalhador em treinamento adquire experiência, sua produtividade aumenta, e o empregador aumenta seu salário, primeiro para $8 e depois parar $10 dólares a hora quando ele se torna tão produtivo quanto os outros trabalhadores no mercado. Mas por qual motivo o empregador aumentaria o salário? Aumentos podem ter sido concordados anteriormente. Ou talvez o empregador queira pagar um salário justo ao empregado pois, do contrário, o empregado iria buscar uma colocação melhor noutro lugar.

Os outros dois trabalhadores também aumentam sua produtividade e recebem aumentos. O empregador pode pagar tais aumentos pois ele não foi obrigado a aumentar o salário de uma pessoa em 40%, mas também pelo fato de que os trabalhadores estão produzindo mais valor. Os trabalhadores pagam salários maiores pois eles contribuem com mais valor e, portanto, contribuem para o bem-estar combinado da empresa e da sociedade em geral. Portanto, logo os empregados estão recebendo $10, $12 e $17 dólares respectivamente por hora. Um total de $39 dólares por hora, um aumento de 18% pago pela melhoria na produção.

Mas a história ainda não está completa. Os salários dos três trabalhadores constituem o poder de compra deles, que eles usam para comprar bens e que outros produzem. A demanda dos trabalhadores, o resultado da contribuição deles para a oferta, possibilita o faturamento dos outros negócios.

Agora é possível ver que a diferença entre o visto e o não-visto – o custo da regulação – não é somente o trabalhador desempregado. Este é o efeito imediato, que reduz a produção total, mas, ao mesmo tempo, aumenta o salário e a produtividade marginal (por empregado, ao excluir o trabalhador com menor produtividade). Porém, o que também se perde é a experiência que o trabalhador que foi demitido teria adquirido, e, portanto, a sua maior produtividade com o passar do tempo. Os seus futuros empregos e possivelmente sua carreira foram perdidos. A sua maior capacidade de produzir também foi perdida, portanto o valor que ele teria criado para os consumidores, que agora não poderão adquirir os bens que ele não irá (ajudar a) produzir.

O não-realizado é representado por todas aquelas oportunidades valiosas que jamais existirão por conta da regulação: o valor dos bens que teriam sido produzidos, a carreira do trabalhador em treinamento, as demandas dos trabalhadores por outros bens. A economia foi colocada numa trajetória de criação de menos valor, o que significa que houve uma perda de valor representada por todo o valor que teria sido obtido se não houvesse a regulação.

Isto não deveria ser surpreendente, pois a produção no livre mercado, embora seja imperfeita, é guiada pelos empreendedores buscando lucrar ao servir os consumidores.

Quando esta ordem é interrompida, os empreendedores não podem trabalhar para produzir o que eles esperam que teria o maior valor, o que seria o melhor uso dos recursos escassos da economia. Isso significa que os projetos mais produtivos – incluindo as oportunidades de mercado que eles criam, que pagam salários com base na expectativa de contribuição de valor do empregado, e que criam os bens de maior valor para os consumidores – serão perdidas. O não-realizado é o custo real das regulações, e é muito maior que o custo do não-visto.

CONCLUSÃO

Ação e Interação

Nada sobre a economia de mercado é magia. Como tentei demonstrar, o mercado é bem real e mundano. Ele funciona de uma maneira certa e compreensível; ele tem um comportamento específico, que emerge e surge das ações das pessoas e de suas interações.

Damos a estes comportamentos da economia o nome de leis econômicas, que são leis da mesma maneira que as leis da física são leis. Não há como escapar delas. Elas são imutáveis.

Os críticos dizem que os mercados não têm uma natureza, que não existem leis econômicas ou que elas não se aplicam a todos os casos. As vezes estes críticos dizem que os mercados são ou devem ser desenhados e devem funcionar num "vazio institucional". Mas isto é uma incompreensão. A mudança nas circunstâncias mudará o resultado do processo de mercado, mas mercados não funcionam de maneira diferente por conta de arranjos institucionais diferentes.

Os bens e serviços produzidos, o número de oportunidades de trabalho, a distribuição do valor criado e tudo mais não são causados somente pelas leis econômicas. Mas eles certamente são impactados por tais leis. Tudo o mais constante, um preço maior por um bem significa menor quantidade deste mesmo bem a ser vendido. Isto não significa que outras coisas não influenciem.

Por exemplo, se o governo impõe que todos comprem algum bem no próximo mês, a quantidade demandada aumentará ainda que o preço deste bem aumente. O mesmo ocorreria se, ao invés da imposição governamental, uma nova moda fizesse com que uma quantidade grande de pessoas estivesse disposta a comprar este mesmo bem. Em nenhum dos dois casos as leis econômicas foram violadas ou descumpridas. Pelo contrário, ambos os resultados estão perfeitamente de acordo com as leis econômicas, mas também são influenciados pelas mudanças específicas.

Portanto, devemos compreender as leis econômicas para entender a economia de mercado e a evolução do processo de mercado. É somente através do raciocínio econômico que podemos descobrir como a economia de fato funciona e podemos compreender o processo de mercado. Se você agora entende isso, então eu tive sucesso na minha empreitada com este livro.

Resultados específicos são impossíveis de compreender – muito menos de prever – a não ser que primeiro compreendamos como os mercados funcionam. Isso significa que ser versado em economia é um ponto de partida necessário para efetivamente elaborar políticas públicas. Regulações, que discutimos no *Capítulo 9*, precisam considerar as leis econômicas.

Se não compreendemos a economia de mercado, não podemos entender os efeitos que a regulação terá – e provavelmente tais regulações serão não somente ineficazes, mas também destrutivas.

Ser versado em economia é o antídoto para políticas públicas destrutivas. Mas é também muito mais do que isso. Conhecer economia abre a mente, pois nos permite verdadeiramente compreender como o mundo funciona.

LEITURAS ADICIONAIS

PARA INICIANTES:

AMMOUS, Saifedean. *Principles of Economics*. Aman: The Saif House, 2023.

BASTIAT, Frédéric. *That Which Is Seen and That Which Is Not Seen* (1850). In vol. 1 of *The Bastiat Collection*, 1-48. Auburn: Ludwig von Mises Institute, 2007. Edição brasileira: BASTIAT, Frédéric. *O que se vê e o que não se vê* (em itálico). 2ª Ed. São Paulo: LVM Editora, 2010.

BYLUND, Per L. *The Seen, the Unseen, and the Unrealized: How Regulations Affect Our Everyday Lives*. Lanham: Lexington Books, 2016.

HAZLITT, Henry. *Economics in One Lesson*. Nova York: Three Rivers Press, 1979. Edição brasileira: HAZLITT, Henry. *Economia numa única lição*. São Paulo: LVM Editora, 5ª ed. 2020.

MURPHY, Robert P. *Choice: Cooperation, Enterprise, and Human Action*. Oakland: Independent Institute, 2015.

TRATADOS DE ECONOMIA:

MENGER, Carl. *Principles of Economics*. (Trad. James Dingwall e Bert F. Hoselitz) Auburn: Ludwig von Mises Institute, 2007. Edição brasileira: MENGER, Carl. *Princípios de Economia*. Lebooks Editora, 2017 (e-book).

MISES, Ludwig von. *Human Action: A Treatise on Economics* (scholar's ed.). Auburn: Ludwig von Mises Institute, 1998. Edição brasileira: MISES, Ludwig von. *Ação Humana: Um tratado sobre Economia*. São Paulo: LVM Editora, 3ª ed. 2010.

ROTHBARD, Murray N. *Man, Economy and State: A Treatise on Economic Principles*. 2 vols. Princeton: D. Van Nostrand, 1962.

EMPREENDEDORISMO E CRESCIMENTO ECONÔMICO:

BYLUND, Per L. *The Problem of Production: A New Theory of the Firm*. Londres: Routledge, 2016.

FOSS, Nicolai J., e KLEIN, Peter G. *Organizing Entrepreneurial Judgment: A New Approach to the Firm*. Cambridge: Cambridge University Press, 2015.

KIRZNER, Israel M. *Competition and Entrepreneurship*. Chicago: University of Chicago Press, 1973. Edição brasileira: KIRZNER, Israel M. *Competição e Atividade Empresarial*. São Paulo: LVM Editora, 2017.

SCHUMPETER, Joseph A. *Theory of Economic Development: An Inquiry into Profits, Capital, Credit, Interest, and the Business Cycle*. (Trad. Redvers Opie). Cambridge: Harvard University Press, 1934. Edição brasileira: SCHUMPETER, Joseph A. *Teoria do Desenvolvimento Econômico* (Coleção Os Economistas). São Paulo: Ed. Nova Cultural, 1997.

CÁLCULO ECONÔMICO E SOCIALISMO:

BOETTKE, Peter J. *Calculation and Coordination: Essays on Socialism and Transitional Political Economy*. Londres: Routledge, 2001.

HOFF, Trygve J. B. *Economic Calculation in the Socialist Society*. Indianápolis: Liberty Press, 1981.

HUERTA DE SOTO, Jesús. *Socialism, Economic Calculation, and Entrepreneurship*. (Trad. Melinda Stroup). Cheltenham: Edward Elgar, 2010.

MISES, Ludwig von. *Socialism: An Economic and Sociological Analysis*. (Trad. J. Kahane). Nova edição: New Haven: Yale University Press, 1951.

MOEDA E BANCOS:

LAVOIE, Donald. *Rivalry and Central Planning: The Socialist Calculatin Debate Reconsidered*. Cambridge: Cambridge University Press, 1985.

MENGER, Carl. *On the Origins of Money*. (Trad. C. A. Foley). Auburn: Ludwig von Mises Institute, 2009.

MISES, Ludwig von. *Bureaucracy*. New Haven: Yale University Press, 1944. Edição brasileira: MISES, Ludwig von. *Burocracia*. São Paulo: Vide Editorial, 2017.

MISES, Ludwig von. *The Theory of Money and Credit*. (Trad. J. E. Batson). Auburn: Ludwig von Mises Institute, 2009.

ROTHBARD, Murray N. *The Mystery of Banking*. Auburn: Ludwig von Mises Institute, 2ª ed. 2008.

ROTHBARD, Murray N. *What Has Government Done to Our Money?* Auburn: Ludwig von Mises Institute, 5ª ed. 2010. Edição brasileira: ROTHBARD, Murray N. *O que o governo fez com nosso dinheiro?* São Paulo: LVM Editora, 2013.

SALERNO, Joseph T. *Money: Sound and Unsound.* Auburn: Ludwig von Mises Institute, 2010.

TEORIA DO CAPITAL E PRODUÇÃO:

BÖHM-BAWERK, Eugen von. *Capital and Interest: A Critical History of Economical Theory.* (Trad. William Smart). Londres: Macmillan, 1890.

GARRISON, Roger W. *Time and Money: The Macroeconomics of Capital Structure.* Londres: Routledge, 2000.

HAYEK, Friedrich A. *Prices and Production.* Nova York: Augustus M. Kelly, 2ª ed. 1935.

HAYEK, Friedrich A. *The Pure Theory of Capital.* Auburn: Ludwig von Mises Institute, 2009.

KIRZNER, Israel M. *An Essay on Capital.* Nova York: Augustus M. Kelley, 1996.

LACHMANN, Ludwig M. *Capital and Its Structure.* Kansas City: Sheed Andrews and McMeel, 1978.

LEWIN, Peter. *Capital in Disequilibrium: The Role of Capital in a Changing World.* Abingdon, Oxfordshire: Routledge, 1998.

CICLOS ECONÔMICOS:

EBELING, Richard M., (ed.). *The Austrian Theory of the Trade Cycle and other Essays.* Auburn: Ludwig von Mises Institute, 1996.

HUERTA DE SOTO, Jesús. *Money, Bank Credit, and Economic Cycles.* Auburn: Ludwig von Mises Institute, 4a ed. 2020. Edição brasileira: HUERTA DE SOTO, Jesús. Moeda, Crédito Bancário e Ciclos Econômicos (em itálico). São Paulo: Intituto Ludwig von Mises Brasil, 2013.

MISES, Ludwig von. *The Theory of Money and Credit*. (Trad. J. E. Batson). Auburn: Ludwig von Mises Institute, 2009.

ROBBINS, Lionel. "Lessons from the Great Depression" (Lionel Robbins Lectures). Por Peter Temin. Cambridge: The MIT Press, 1991.

ROTHBARD, Murray N. *America's Great Depression*. Auburn: Ludwig von Mises Institute, 5ª ed. 2000.

ROTHBARD, Murray N. *The Panic of 1819: Reactions and Policies*. Auburn: Ludwig von Mises Institute, 2007.

MÉTODO E PENSAMENTO ECONÔMICO:

GORDON, David. *An Introduction to Economic Reasoning*. Auburn: Ludwig von Mises Institute, 2000.

HOPPE, Hans-Hermann. *Economic Science and the Austrian Method*. Auburn: Ludwig von Mises Institute, 2007.

MISES, Ludwig von. *The Ultimate Foundations of Economic Science: An Essay on Method*. Nova York: D. Van Nostrand, 1962. Edição brasileira: MISES, Ludwig von. Os fundamentos últimos da ciência econômica: Um ensaio sobre o método (em itálico). São Paulo: LVM editora, 2020.

MISES, Ludwig von. *Theory and History: An Interpretation of Social and Economic Evolution*. Auburn: Ludwig von Mises Institute, 2007. Edição Brasileira: MISES, Ludwig von. Teoria e história (em itálico). São Paulo: LVM Editora, 2014

SELGIN, George A. *Praxeology and Understanding: An Analysis of the Controversy in Austrian Economics*. Auburn: Ludwig von Mises Institute, 1990.

Conheça algumas das obras similares lançadas pela LVM.

LVM EDITORA

Disponíveis
nas melhores
livrarias.

LVM
EDITORA

Acompanhe a LVM Editora nas Redes Sociais

 https://www.facebook.com/LVMeditora/

 https://www.instagram.com/lvmeditora/

Esta edição foi preparada pela LVM Editora e por Décio Lopes,
com tipografia Baskerville e Lemon Milk,
em outubro de 2022.